1232

W0028954

FIORETTI

Franz von Assisi
in der Legende
seiner ersten Gefährten

**Mit einem Nachwort
des Übersetzers**

Pattloch Verlag

Übersetzung aus dem Italienischen und Bildlegenden
von Xaver Schnieper

Farbphotos von Pepi Merisio (17, 18, 35, 36/37, 38, 71,
72, 105) und von Xaver Schnieper (106, 139, 140/141,
142, 159, 160 sowie Umschlagphoto)
Karte Franz Coray

Pattloch Verlag 1989
Lizenzausgabe für den Weltbild Verlag GmbH, Augsburg
© Verlag C.J.Bucher, Luzern und Frankfurt/M.
Satz: Appl, Wemding
Gesamtherstellung: Ueberreuter, Wien
ISBN 3 629 00544 6

DAS EBENBILD CHRISTI

1 Allem voraus sollten wir uns vergegenwärtigen, daß der ruhmstrahlende Heilige Franziskus während seines Lebens in jedem seiner Werke Christus ebenbildlich war.

Wie Christus zu Beginn seiner Verkündigung zwölf Apostel erwählte, die Begierde nach den Dingen der Welt zu überwinden und ihm in der Armut und in allen andern Vollkommenheiten nachzueifern, so erwählte sich Franziskus, als er anfing, seine Bruderschaft zu gründen, auch zwölf Gefährten, die als Eigen nur die Armut besaßen.

Wie einer der zwölf Apostel, von Gott verworfen, sein Leben durch den Strick endete, so verließ auch einer der zwölf Gefährten des Franziskus – sein Name war Bruder Johannes mit dem Hut – die Hürde und erhängte sich. Diese Tat ist allen Berufenen ein bedeutsames Beispiel und Anlaß zu Demut und Besorgnis, denn sie müssen sich ständig daran erinnern, daß keiner die Gewißheit besitzt, bis zum Ausgang dieses Lebens bei Gott in Ansehn stehn zu dürfen.

Wie die zwölf Apostel, einzigartig in ihrer Gottesverbundenheit und in ihrer Demut, in der Fülle des Heiligen Geistes wesen, so waren auch die Gefährten des Heiligen Franziskus Menschen von solcher Gottinnigkeit, wie die Welt sie seit den Tagen der Apostel bis heute nie gesehen hat.

Gleich dem heiligen Paulus wurde einer von ihnen in den Dritten Himmel entrückt: Dies geschah dem Bruder Egidius.

Einem andern, dem bruder Philipp, mit dem Beinamen «der Lange», wurden von einem Engel die Lippen mit glühender Kohle berührt, was einst dem Propheten Jesaias widerfuhr.

Ein dritter, Bruder Sylvester, redete mit Gott gleich einem Freund zum Freunde, wie Moses es tat.

Wieder ein anderer schwang sich kraft der vollendeten Form seines Geistes empor mitten ins Licht der göttlichen Weisheit wie jener Adler Johannes, der Evangelist: Bruder Bernhard war es, der in seiner Demut gedankentief die Heilige Schrift ausschöpfte.

Und einer gar wurde von Gott selbst heiliggesprochen und im Himmel der Verehrung gewürdigt, obwohl er leiblich noch auf Erden weilte: Bruder Ruffino, seiner Herkunft nach ein Edelmann aus Assisi.

So erweist es sich, daß sie alle mit einem besonderen Zeichen der Gottesverbundenheit bevorrechtigt wurden.

Was im folgenden auf diesen Blättern zu lesen steht, wird es verdeutlichen.

DER ERSTE GEFÄHRTE

2 Franziskus fand seinen ersten Gefährten in Bruder Bernhard von Assisi, der sich auf folgende Weise bekehrte: Franziskus trug noch das übliche Weltkleid, obwohl er sich innerlich von der Welt schon verabschiedet hatte, sie gering achtete und die eigene weltliche Begier durch Bußübungen abtötete. Darum wurde er allgemein als Dummkopf angesehen und als Narr verspottet; Verwandte und Bekannte vertrieben ihn mit Steinwürfen und schmissen ihm Straßenkot nach. Er aber ertrug geduldig jedes Unrecht, Spott und Hohn und stellte sich taub und stumm.

Ein gewisser Herr Bernhard, der als eine der vornehmsten, reichsten und gebildetsten Erscheinungen von Assisi galt, begann sich eindringlich Gedanken zu machen über die außerordentliche Weltüberwindung des Franziskus und über die große Geduld, mit der er alle Ungerechtigkeit ertrug. Seit zwei Jahren wurde Franziskus überall verachtet und verspottet, aber es schien, als würde er in seiner Haltung nur noch bestärkt. Herr Bernhard kam zur Überzeugung, daß Franziskus in außerordentlicher Gnade bei Gott stehe.

Eines Abends lud er ihn als Gast zu sich. Franziskus nahm die Einladung an, speiste bei ihm und übernachtete in seinem Hause.

Herr Bernhard hatte sich vorgenommen, Näheres über seine Frömmigkeit zu erfahren. Er ließ darum in seiner eigenen Schlafkammer, die während der ganzen Nacht stets durch den Schein eines Lämpchens erhellt war, ein zweites Bett aufstellen.

Um die Frömmigkeit seines Wesens zu verheimlichen, warf sich Franziskus, sobald die beiden in die Kammer getreten, aufs Bett und gab sich den Anschein, als sei er schnell eingeschlafen. Herr Bernhard legte sich ebenfalls, allerdings gemächlich, zu Bett und fing bald absichtlich stark zu schnarchen an, wie wenn er bereits in tiefstem Schlafe läge.

Franziskus, im festen Glauben Herr Bernhard schliefe, erhob sich in der ersten Nachtstunde und kniete nieder zum Gebet.

Die Augen zum Himmel gerichtet und die Arme ausgebreitet, stieß er in größter Ergriffenheit und Glut die Worte aus: «Mein Gott! Mein Gott!»

Heiße Tränen flossen ihm aus den Augen. Bis zum Morgen verharrte er betend und rief unablässig: «Mein Gott! Mein Gott!», nichts anderes sonst.

Während er diese Worte vor sich hin stammelte, versenkte er sich staunend in die Erhabenheit der göttlichen Majestät, die sich erniedrigte, auf die vom Verderben bedrohte Welt herabzusteigen, denn sie hatte beschlossen, durch ihren Franziskus, den Armen, einen Weg des Heils für seine eigene Seele und die seiner Mitmenschen zu schaffen. Erleuchtet vom Heiligen Geiste, der da ist der prophetische Geist, sah Franziskus die großen Dinge voraus, die Gott durch ihn und durch seine Brüderschaft zu wirken beabsichtigte; und da die Erkenntnis seines eigenen Ungenügens und seiner schwachen Kräfte ihn überkam, flehte er betend zu Gott, er möge durch seine Barmherzigkeit und Allmacht, ohne die menschliche Schwachheit nichts ausrichtet, all das ersetzen, hinzufügen und vollenden, was er, Franziskus, aus sich nicht leisten könne.

Herr Bernhard betrachtete im Lichtschein des Lämpchens den betenden Franziskus, und als er in frommer Gesinnung das Vernommene überdachte, wurde er vom Heiligen Geiste getroffen, der ihm eingab, sein Leben von Grund auf zu ändern.

7

Sobald der Morgen dämmerte, wandte er sich an Franziskus und sprach zu ihm:

«Bruder Franziskus, ich habe in meinem Herzen den endgültigen Entschluß gefaßt, meine bisherige Welt zu verlassen und dir zu folgen in allem, was du mir befiehlst.»

Voller Freude hörte Franziskus diese Worte und antwortete:

«Herr Bernhard, was Ihr mir eröffnet, ist ein solch folgenreiches und schwerwiegendes Unterfangen, daß wir bei unserem Herrn Jesus Christus Rat holen und ihn bitten sollten, er möge uns in seiner Güte seinen Willen kundtun und uns belehren, wie wir es ins Werk setzen können. Darum laßt uns zusammen zum Bischofspalast gehen. Ich kenne dort einen freundlichen und guten Priester, der uns die Messe lesen soll. Nachher wollen wir bis zur dritten Tagesstunde beten und Gott bitten, daß er uns nach dreimaligem Aufschlagen des Meßbuches den Weg weise, den wir zu seinem Wohlgefallen einschlagen sollen.»

Herr Bernhard antwortete, daß ihm dieser Vorschlag sehr zusage.

Sie brachen unverzüglich auf und begaben sich zur Bischofsresidenz. Nachdem sie dort der Messe beigewohnt und bis zur dritten Tagesstunde im Gebet verweilt hatten, nahm auf Bitten von Franziskus der Priester das Meßbuch, machte darüber das Kreuzzeichen und öffnete es dreimal im Namen unseres Herrn Jesus Christus.

Beim ersten Aufschlagen stießen sie auf jene Stelle des Evangeliums, da Christus auf die Frage des reichen Jünglings nach dem vollkommenen Weg antwortet:

«Wenn du vollkommen sein willst, so gehe hin, verkaufe alles, was du hast, gib den Erlös den Armen und folge mir nach!»

Beim zweiten Aufschlagen fanden sie jenes Wort, das Christus den Aposteln mitgab, als er sie aussandte zu predigen:

«Nehmt nichts mit auf den Weg, weder Wanderstab noch Tasche, noch Schuhe, noch Geld!»

Diese Worte sollten seine Jünger anleiten, ihre Lebenshoffnung auf Gott zu richten und ihr ganzes Sinnen darauf, das heilige Evangelium zu verkünden.

Beim dritten Öffnen des Meßbuches lasen sie das folgende Christuswort:

«Wer mein Gefährte sein will, verleugne sich selbst, nehme das Kreuz auf sich und folge mir nach!»

Darauf sagte Franziskus zu Herrn Bernhard:

«Dies ist der Rat, den Christus uns gibt. Geh also hin und führe getreulich das aus, was du gehört hast! Hochgelobt sei unser Herr Jesus Christus, weil er sich würdigte, uns seinen evangelischen Lebensweg zu zeigen!»

Herr Bernhard machte sich sogleich auf, verkaufte alles, was er besaß – er war sehr reich – und verteilte fröhlichen Herzens den ganzen Erlös an Witwen, Waisen und Gefangene, an Klöster, Hospitäler und Pilger. Franziskus half ihm dabei treulich und fürsorglich.

Ein gewisser Herr Sylvester, der das mitansah, wie Franziskus so viel Geld den Armen gab und geben ließ, wurde von der Habgier gepackt und trat mit den Worten auf Franziskus zu:

«Du hast mir damals nicht genügend für die Steine bezahlt, die du von mir gekauft hattest, um das Kirchlein [San Damiano] zu erneuern. Jetzt, da du Geld hast, bezahle mich!»

Franziskus staunte über solche Geldgier, wollte aber um der wahren Befolgung des heiligen Evangeliums willen nicht mit ihm streiten. Er griff mit beiden Händen in die Tasche des Herrn Bernhard und reichte die Münzen ungezählt dem Herrn Sylvester hin, wobei er hinzufügte, falls er noch mehr davon wolle, könne er noch mehr haben. Herr Sylvester war aber mit dem Erhaltenen zufrieden, ging davon und wandte sich seinem Hause zu.

Als er des Abends den Tag überdachte, fühlte er seiner Habgier wegen Reue, denn der Eifer des Herrn Bernhard und die offensichtliche Gottesergriffenheit des Franziskus hatten ihn beeindruckt. In der folgenden Nacht und auch in der nächsten und übernächsten sandte ihm Gott einen immer gleichen Traum:

Er sah, wie vom Mund des Franziskus ein goldenes Kreuz ausging, dessen Spitze den Himmel berühte und dessen Arme sich vom Sonnenaufgang bis zum Sonnenuntergang spannten.

9

Das Erschaute genügte, alles was er hatte, Gott hinzugeben und Minderer Bruder zu werden. Innerhalb der Brüderschaft führte er ein solch heiligmäßiges Leben und stand bei Gott in solcher Huld, daß er mit ihm wie ein Freund zum Freunde sprechen durfte. Der Heilige Franziskus war dessen mehrmals Zeuge; es wird später davon noch die Rede sein.

Herr Bernhard erfuhr so viel Gnade des Himmels, daß er häufig während tiefer Versunkenheit zu Gott entrückt wurde. Franziskus sagte von ihm, er sei jeder Verehrung würdig, und er habe diesen Orden gegründet. Denn er war der erste der Gefährten, der die Welt verließ, nichts vom Seinigen zurückbehielt, sondern um Christi willen alles den Armen hingab:

Im Zeichen der evangelischen Armut warf er sich nackt in die Arme des Gekreuzigten, der von uns hochgepriesen sei in Zeit und Ewigkeit!

DIE SELBSTBEGEGNUNG
VON DEMUT UND GEHORSAM

3 Der hingebungsvolle Knecht des Gekreuzigten, der Heilige Franziskus, war durch die Härte seiner Bußübungen und seine ununterbrochen fließenden Reuetränen fast erblindet. In diesem Zustand begab er sich einmal von der Stätte Porziuncola, an der er gewöhnlich weilte, nach der Einsiedelei [Carceri in den Bergwäldern des Subiaso oberhalb von Assisi], wo Bruder Bernhard sich aufhielt, um mit ihm über göttliche Dinge zu sprechen. Als er zu dessen Grotte kam, zeigte sich, daß Bruder Bernhard tiefer in den Wald gegangen sein mußte, um sich betend ganz in Gott zu versenken.

Der Heilige Franziskus ging ihn suchen und rief in den Wald hinein: «Komm und sprich mit einem Blinden!»

Aber er bekam keine Antwort. Denn wenn Bruder Bernhards Geist sich in Gott erging, waren seine Sinne wie ausgelöscht. Aufgrund dieser mystischen Begabung war er einzigartig begnadet, über göttliche Dinge zu reden. Franziskus hatte dies zu wiederholten Malen erfahren, und darum trug er Verlangen, mit ihm Zwiesprache zu führen.

Er rief nach ihm ein zweites, bald darauf ein drittes Mal, immer mit den gleichen Worten. Aber Bruder Bernhard hörte ihn nicht und konnte ihm deshalb weder antworten noch entgegenkommen.

Schließlich kehrte Franziskus um, und ein Schatten von Traurigkeit legte sich auf seine Seele; er wunderte sich, und es betrübte ihn, daß Bruder Bernhard, den er dreimal angerufen hatte, nicht zu ihm gekommen war.

Als er sich, in diesen Gedanken vertieft, schon längst auf dem Rückweg befand, sagte er zu seinem Begleiter: «Warte hier auf mich!»

Er begab sich abseits, um sich an einem stillen Ort auf die Knie zu werfen und im Gebet Gott zu bitten, er möge ihm doch zu erkennen geben, weshalb Bruder Bernhard nicht geantwortet habe.

Vertieft in dieses Beten, vernahm er die Stimme Gottes und hörte die Worte:

«O armes Menschlein, was bist du so betrübt? Soll der Mensch von Gott lassen um der Kreatur willen? Als du Bruder Bernhard riefst, war er vereint mit mir. Darum konnte er dir nicht antworten, noch zu dir eilen. Er war in solcher Versunkenheit, daß er dein Rufen nicht hörte. Wunderst du dich jetzt noch, daß du ohne Antwort bliebst?»

Kaum hatte der Heilige Franziskus diese göttliche Antwort vernommen, suchte er eilends nach Bruder Bernhard, um sich bei ihm des ärgerlichen Gedankens, der in ihm aufgekommen war, anzuklagen.

Als Bruder Bernhard ihn auf sich zukommen sah, ging er ihm entgegen und warf sich zu seinen Füßen.

Der Heilige Franziskus hieß ihn aufstehen. Und nun bekannte er ihm in großer Demut den unguten Gedanken, der sich in seiner Seele festgesetzt hatte, ließ ihn die Antwort Gottes wissen und schloß:

Nun befehle ich dir auf Grund des heiligen Gehorsams, das auszuführen, was ich dir gebieten werde!»

Bruder Bernhard fürchtete, Franziskus könnte ihm wieder etwas ganz Außergewöhnliches befehlen, wie es seine Art war, und suchte darum in Ehren dieser Gehorsamspflicht zu entgehen; schließlich aber blieb ihm nichts übrig als zu erklären:

«Ich bin bereit, Euch zu gehorchen, wenn Ihr mir versprecht, das zu tun, was ich Euch befehlen werde.»

Der Heilige Franziskus willigte ein, und Bruder Bernhard bat:

«Also sprecht, Vater, was ich tun soll!»

Franziskus gebot:

«Um meinen Verdacht und die Unlauterkeit meines Herzens zu bestrafen, werde ich mich nun rücklings auf die Erde legen, und ich befehle dir kraft des heiligen Gehorsams, dreimal über mich hinwegzuschreiten, und zwar so, daß du mit dem einen Fuß auf meinen Mund, mit dem andern auf meinen Hals trittst und mich dabei tadelst und ausschimpfst mit Worten wie: ‹Bleib liegen, flegelhafter Sohn des Peter Bernardone! Was erdreistest du dich in deinem anmaßenden Wesen! Nichts weiter bist du als eine ganz verächtliche Kreatur!›»

Es kam Bruder Bernhard hart an, diesen Befehl auszuführen. Aber um des auf Gott gerichteten Gehorsams willen erfüllte er das Gebot des Heiligen Franziskus, mit so viel Rücksicht, wie ihm nur möglich war.

Nachdem er seiner Gehorsamspflicht nachgekommen war, sagte Franziskus:

«Nun befiehl du mir, was ich tun soll, ich habe dir ja meinerseits Gehorsam versprochen!»

«Im heiligen Gehorsam gebiete ich dir», sprach darauf Bruder Bernhard, «daß du mich jedesmal, wenn wir zusammen sind, meiner Fehler wegen hart tadelst, um mich so zu einem besseren Menschen zu machen!»

Verlegenes Staunen überkam den Heiligen Franziskus, denn Bruder Bernhard war von solcher Heiligkeit, daß er ihn hoch verehrte und nie Grund zu Vorwurf oder Tadel hatte. Deshalb vermied Franziskus von dieser Stunde an, viel mit Bruder Bernhard zusammenzukommen. Er wollte wegen des gelobten Gehorsams nicht in Verlegenheit geraten, den Bruder Bernhard ta-

deln zu müssen, dessen Vollkommenheit er durch und durch
kannte. Wenn er Verlangen empfand, ihn zu sehen oder, vielmehr noch, ihn über Gott sprechen zu hören, nahm er dennoch
nach kurzer Zeit des Verweilens mit wehem Herzen wieder Abschied von ihm.

Rührend und ergreifend war es, Zeuge zu sein, mit welcher
Liebe, Verehrung und Demut der heilige Vater Franziskus mit
seinem erstgeborenen Sohne Bruder Bernhard umging, und wie
sie Zwiesprache führten zum Lobe und Ruhme Gottes und Jesu
Christi.

DER JUNGE MANN AN DER KLOSTERPFORTE

4 Zu jener Zeit, als der Orden sich gründete, es nur wenige
Brüder gab und sie noch keine festen Wohnstätten hatten,
wanderte, durch seinen heiligen Sinn dazu veranlaßt, Franziskus
mit etlichen Brüdern, zu denen auch Bruder Bernhard gehörte,
nach Santiago de Gompostela.

Als sie gemeinsam des Weges pilgerten, fanden sie irgendwo
einen armen Kranken auf der bloßen Erde liegen. Von Mitleid
überwältigt sprach Franziskus zu Bruder Bernhard:

«Mein Sohn, ich möchte, daß du hier bleibst, um diesen armen
Kranken zu pflegen!»

Bruder Bernhard kniete demütig nieder, neigte sein Haupt
zum Zeichen des tätigen Gehorsams gegenüber dem heiligen Vater und blieb zurück, während Franziskus und die übrigen Gefährten weiter nach St. Jakob wanderten.

Als sie ihr Pilgerziel erreicht hatten und Franziskus eines
Nachts in der Kirche des Heiligen betete, gab ihm Gott die Erleuchtung, er müsse in der ganzen Welt Niederlassungen gründen, denn sein Orden werde sich verbreiten und die Zahl der
Brüder gewaltig zunehmen. Daraufhin begann Franziskus überall Niederlassungen einzurichten.

Auf dem nämlichen Weg, den er zur Hinreise benützt hatte,
kehrte der Heilige Franziskus aus Santiago zurück und traf

Bruder Bernhard und den Kranken wieder, dessen Heilung große Fortschritte gemacht hatte. Darum versprach er Bruder Bernhard, er dürfe im folgenden Jahr nach Santiago wallfahren.

Nach dieser Wanderung zog sich Franziskus ins Tal von Spoleto zurück und lebte dort in einer Einsiedelei in Gemeinschaft mit Bruder Masseo, Bruder Elias und andern.

Die Brüder gaben sich große Mühe, das Gebet des Heiligen Franziskus nicht zu stören, noch ihn von seiner Andacht abzulenken, denn sie hegten für ihn in ihren Herzen eine innige Verehrung, weil sie wußten, daß Gott ihn während des Gebets große Dinge schauen ließ.

Als so eines Tages der Heilige Franziskus ins Gebet versunken im Walde weilte, kam ein junger Mann, der seinem Aussehen nach auf der Wanderschaft war, an die Pforte der Einsiedelei und pochte so ungeduldig, lautschallend und ungebührlich lange, daß sich die Brüder über diese ungewöhnliche Art reichlich wunderten. Bruder Masseo öffnete die Pforte und sagte zu dem Jüngling:

«Woher kommst du, mein Sohn? Es scheint, daß du noch nie hier warst, denn du hast wenig geziemend angeklopft!»

«Wie muß man denn bei euch anklopfen?» fragte darauf der Jüngling, und Bruder Masseo gab zur Antwort:

«Klopfe dreimal, mit richtigen Pausen! Dann gedulde dich so lange, bis der Bruder das Vaterunser gebetet haben mag und er dir öffnen kommt. Sollte er dennoch nicht erscheinen, so klopfe ein zweites Mal an!»

Der Jüngling entschuldigte sich:

«Ich habe es sehr eilig, darum klopfte ich so laut. Denn eine lange Reise habe ich noch vor mir und bin gekommen, um mit Bruder Franziskus zu sprechen. Aber ins Gebet vertieft, weilt er gerade im Walde, so daß ich ihn nicht stören möchte. Geh deshalb hin und schicke mir den Bruder Elias heraus, dem ich eine Frage vorlegen möchte, denn soviel mir bekannt, soll er sehr gelehrt sein.»

Bruder Masseo begab sich zu Bruder Elias und richtete ihm den Wunsch des Jünglings aus. Bruder Elias aber ärgerte sich

14

über die Störung und weigerte sich, an die Pforte zu kommen, so daß Bruder Masseo nicht wußte, was er tun, noch was er dem jungen Mann antworten sollte. Denn würde er ihm sagen, Bruder Elias *könne* nicht kommen, wäre das eine Lüge; wenn er ihm aber in Wahrheit sagen würde, Bruder Elias *wolle* nicht kommen und sei augenblicklich sehr unwirsch, so wäre zu befürchten, daß der Jüngling daran ein schlechtes Beispiel nehmen würde.

Während so Bruder Masseo über irgendeinen Ausweg nachdachte, klopfte der Jüngling wiederum in der gleichen Art wie vorher. Ohne sich weiter lange zu besinnen, eilte Bruder Masseo zur Pforte und hielt ihm entgegen:

«Du scheinst dir meine Belehrung über die Art des Anklopfens nicht zu Herzen genommen zu haben.»

Der Jüngling aber ging nicht darauf ein, sondern antwortete:

«Bruder Elias *will* mich nicht empfangen. Geh deshalb zu Bruder Franziskus und sage ihm, ich sei hergekommen, um mit ihm zu sprechen. Aber weil ich ihn während des Gebets nicht belästigen wolle, mußt du ihm sagen, er solle mir Bruder Elias herausschicken.»

Bruder Masseo suchte unverzüglich den Heiligen Franziskus auf, der im Walde mit zum Himmel gerichtetem Antlitz betete, und teilte ihm die Worte des jungen Mannes und auch die Antwort des Bruders Elias mit.

Jener Fremde nämlich war ein Engel Gottes in Menschengestalt.

Doch der Heilige Franziskus rührte sich nicht von der Stelle, noch senkte er sein Antlitz; er sprach bloß zu Bruder Masseo:

«Geh hin und sage Bruder Elias, in heiligem Gehorsam solle er sofort zum Jüngling an der Pforte gehen!»

Nachdem Bruder Elias die ihn zu Gehorsam verpflichtende Aufforderung des Heiligen Franziskus vernommen hatte, eilte er sehr unwirsch zur Pforte, riß die Tür mit Gepolter auf und herrschte den Jüngling an:

«Was willst du?»

Dieser entgegnete:

«Hüte dich, Bruder, so zornig zu sein, wie du es anscheinend

15

bist, denn der Zorn macht den Geist unfrei und läßt ihn die Wahrheit nicht erkennen.»

Bruder Elias sprach darauf:

«Laß mich wissen, was du von mir begehrst!»

Der Jüngling gab zur Antwort:

«Ich habe eine Frage an dich: Ist es den Getreuen des heiligen Evangeliums erlaubt, alles das zu essen, was ihnen vorgesetzt wird, ganz wie Christus seine Jünger darin unterwiesen hat? Und eine zweite Frage habe ich: Ist es irgendeinem Menschen erlaubt, die evangelische Freiheit einzuengen?»

Hochmütig entgegnete Bruder Elias:

«Antworten darauf wüßte ich wohl zu geben, aber ich will mich darüber mit dir nicht unterhalten. Geh und kümmere dich um deine eignen Sachen!»

Der Jüngling aber sagte nur: «Ich bin imstande, auf diese Fragen besser Bescheid geben zu können als du.»

Gereizt durch diese Antwort, wurde Bruder Elias wütend, schlug die Tür zu und ging davon.

Doch die Fragen des Jünglings ließen ihm keine Ruhe; er fing an über sie nachzudenken und sie in seinem Geiste nach allen Richtungen zu erwägen, ohne eine Lösung zu finden. Denn als Statthalter des Ordens hatte er, sich über das Evangelium und die Regel des Heiligen Franziskus hinwegsetzend, die bindende Vorschrift erlassen, kein Ordensbruder dürfe Fleisch essen. Die Fragen des Jünglings zielten demnach geradewegs auf ihn. Weil er nun darüber mit sich selbst doch nicht ins reine kam und die unaufdringlich ausgesprochenen Worte des Jünglings, der behauptet hatte, besser Bescheid zu wissen als er, der Ordensstatthalter, ihm nicht aus dem Kopf gingen, begab er sich wieder zur Pforte und öffnete sie, um sich mit dem Jüngling darüber auszusprechen. Aber dieser war bereits verschwunden, denn seines Hochmuts wegen wurde Bruder Elias nicht für würdig befunden, mit einem Engel Zwiesprache zu führen.

Der Heilige Franziskus, der durch eine Erleuchtung Gottes all dieser Vorgänge innegeworden war, kehrte aus dem Walde zurück und eröffnete ihm mit eindringlicher Stimme:

16

«Schlecht hast du gehandelt, hochmütiger Bruder Elias, weil du die heiligen Engel verjagst, die gekommen sind, uns zu lehren. Ich befürchte, deine Hoffart wird dich außerhalb der Hürde unserer Bruderschaft enden lassen.»

Und so, wie Franziskus es vorausgesagt, geschah es auch: Bruder Elias starb außerhalb des Ordens.

Am selben Tag und zur selben Stunde, da der Engel wieder verschwunden war, erschien er in gleicher Gestalt dem Bruder Bernhard, der von Santiago zurückwanderte und gerade an das Ufer eines großen Flusses gelangt war.

«Gott gebe dir den Frieden, guter Bruder!», lauteten die Begrüßungsworte des Engels; Bruder Bernhard wurde von Staunen ergriffen, daß ihm, dem Wanderer in einem fremden Lande, dieser Friedensgruß in den Lauten seiner Muttersprache geboten wurde. Er nahm die Schönheit des Jünglings und sein frohes Antlitz wahr und fragte ihn:

«Woher des Weges, junger Freund?»

Der Engel berichtete:

«Ich komme von jener Einsiedelei, wo Bruder Franziskus weilt. Mich trieb es dorthin, um mit ihm zu sprechen. Aber meine Absicht ließ sich nicht verwirklichen, denn er hatte sich in den Wald zurückgezogen, um sich in göttliche Dinge zu versenken, weshalb ich ihn nicht stören wollte. An jener Stätte leben auch noch die Brüder Masseo, Egidius und Elias. Bruder Masseo hat mich darüber belehrt, wie man nach der Brüder Weise an die Pforte klopfen soll. Bruder Elias aber weigerte sich, mir auf die Fragen zu antworten, die ich ihm vorlegte, bereute es nachträglich und wollte mich dann anhören und in Augenschein nehmen. Aber das ist ihm nicht mehr gelungen.»

Nach diesen Worten fragte der Engel den Bruder Bernhard:

«Warum durchschreitest du den Fluß nicht?»

«Weil ich mich vor der Tiefe des Wassers fürchte», gab Bruder Bernhard zur Antwort, worauf der Engel sagte:

«Sei nicht ängstlich, laß uns zusammen hinübergehen!»

Er faßte ihn bei seiner Rechten, und im Nu eines Lidschlages setzte er ihn am andern Flußufer nieder. Da erkannte Bruder Bernhard, daß er einen Engel Gottes vor sich hatte. Voller Ehrfurcht und Freude bat er ihn mit erregter Stimme:

«O seliger Engel, nenne mir deinen Namen!»

Der Engel aber antwortete:

«Warum fragst du nach meinem Namen, der von himmlischem Wesen ist?»

Mit dieser Antwort verschwand der Engel. Im Herzen des Bruders Bernhard blieb ein seliger Trost zurück, so daß er fröhlich seinen Weg wieder aufnahm. Er merkte sich aber Tag und Stunde, da der Engel ihm erschienen war. Nach der Ankunft in der Einsiedelei, wo sich der Heilige Franziskus und die bereits genannten Brüder aufhielten, berichtete er ihnen eingehend über die Begegnung; und alle erkannten, daß derselbe Engel am gleichen Tag und zur nämlichen Stunde ihnen und Bruder Bernhard erschienen war.

BRUDER BERNHARD ZIEHT NACH BOLOGNA

5 Der Heilige Franziskus und seine Gefährten – von Gott aufgerufen und ausersehen, der Welt das Kreuz Christi zu predigen und seine Botschaft im eigenen Herzen und durch die Tat des eigenen Lebens zu verwirklichen – gaben sich nicht bloß den Anschein, Menschen des Kreuzes zu sein, sondern in Wahrheit vollzogen sie sowohl durch die Form und die Unerbittlichkeit ihrer Lebensführung als auch durch ihr werktätiges Handeln den Sinn der Kreuzigung. Um der Liebe zu Christus willen zogen sie es vor, im Urteil der Welt in Schande und Schmach zu stehen, statt, geehrt von ihr, Ansehen und Menschenlob zu erlangen: Schmähungen, die ihnen zugefügt wurden, weckten Frohsinn in ihren Herzen; Traurigkeit hingegen überschattete ihre Seelen, wenn ihnen Ehrungen zugedacht wurden. Wie Pilger und Heimatlose durchwanderten sie diese Welt und trugen nichts mit sich als Christus, den Gekreuzigten. Da sie aber Triebe des wahren Weinstocks waren, der da ist Christus, reifte durch sie eine große und reiche Ernte der für Gott gewonnenen Seelen heran.

In der ersten Zeit nach der Ordensgründung [im Jahre 1211] sandte der Heilige Franziskus den Bruder Bernhard nach Bologna aus, damit er dort nach dem von Gott verliehenen Maß der Gnade ihm Frucht einbringe. Bruder Bernhard machte das Kreuzzeichen, brach im heiligem Gehorsam auf und gelangte nach Bologna.

Als ihn beim Betreten der Stadt die Kinder in seinem geflickten und schäbigen Gewand erblickten, trieben sie mit ihm ihren Scherz und riefen ihm Spottworte nach, als ob er zur Zunft der Narren gehörte. Um der Liebe zu Christus willen ertrug Bruder Bernhard geduldig und fröhlichen Herzens all diese Kränkungen. Und um dem Gespött noch mehr preisgegeben zu sein, begab er sich absichtlich auf den städtischen Hauptplatz und setzte sich dort nieder. Viele Kinder und Leute sammelten sich um ihn. Von hinten zupften ihn Jungen an der Kapuze, von vorne rannten sie gegen ihn an, andere bewarfen ihn mit Straßendreck und Steinen, dritte versetzten ihm Stöße von rechts und links. Aber Bruder Bernhard rührte sich nicht und betrübte sich nicht: Heiteren Gemüts nahm er alles mit Geduld und Gleichmut hin. Ja, er erschien mehrere Tage lang immer wieder auf diesem Platz, um sich diesen Demütigungen auszusetzen.

Einem gelehrten Doktor der Rechte [namens Niccolò de Pepoli], der die Beharrlichkeit und Ausdauer verfolgte, mit der Bruder Bernhard tagelang allen Schmähungen und Anfeindungen standhielt, kam zu Bewußtsein, daß Geduld einen in sich vollendeten Menschen voraussetzt und Kraft beweist; und er sagte zu sich selbst, es sei unmöglich, daß dieser Bruder nicht ein heiligmäßiger Mensch sei.

Bei Gelegenheit trat er zu ihm hin und redete ihn an:

«Wer bist du und warum bist du hierhergekommen?»

Als Antwort griff Bruder Bernhard in seine Brusttasche, zog die Regel des Heiligen Franziskus hervor und reichte sie ihm. Als der Doktor der Rechte sie las, erkannte er ihren hohen evangelischen Sinn, so daß er sich voll Staunen und Bewunderung seinen Begleitern zuwandte:

«Wahrhaftig, hier bezeugt sich der Zustand der innigsten Gottesverbundenheit, von der ich je gehört habe. Dieser Bruder da und seine Gefährten sind Menschen, die am reinsten in der Huld Gottes stehen auf dieser Erde. Es begeht jeder eine große Sünde, der eines solchen Menschen spottet. Mit großer Ehrfurcht muß man diesem Bruder begegnen, weil er ein wahrhaftiger Freund Gottes ist!»

Zu Bruder Bernhard aber sprach er:

«Wenn Ihr eine Wohnstätte annehmen wollt, in der Ihr auf gebührende Weise Gott dienen könnt, so will ich sie Euch zum Heil meiner eigenen Seele gern bereitstellen.»

Bruder Bernhard erwiderte:

«Mein lieber Herr, ich glaube, daß unser Herr Jesus Christus Euch diesen Gedanken eingegeben hat. Um Christus zu ehren, nehme ich Euer Anerbieten freudig an.»

Mit sichtlicher Herzlichkeit führte daraufhin der Rechtsgelehrte, der das Amt eines Richters ausübte, den Bruder Bernhard als Gast in sein Haus.

Nach kurzer Zeit übergab er ihm die versprochene Behausung, die er auf seine Kosten umbauen und zweckentsprechend einrichten ließ. Er sorgte wie ein Vater für Bruder Bernhard und trat in der Öffentlichkeit stets eifrig für ihn und seine Gefährten ein.

Beeindruckt von seinen gotterfüllten Reden, begann das Volk bald, Bruder Bernhard zu verehren, so daß sich jeder glücklich fühlte, der ihn berühren oder auch nur zu Gesicht bekommen konnte.

Als wahrer Nachfolger Christi und echter Jünger des demütigen Heiligen Franziskus befürchtete Bruder Bernhard, die Ehrungen der Menschen würden seinen Frieden stören und das Heil seiner Seele beeinträchtigen. Unauffällig verschwand er eines Tages aus der Stadt und kehrte zu Franziskus zurück. Diesem berichtete er:

«Vater, eine Niederlassung in der Stadt Bologna ist errichtet. Schicke nun Brüder hin, die dort ihr Leben führen und sie uns erhalten. Ich selbst habe an jenem Orte auf keinen Gewinn mehr zu hoffen, sondern der Ehren wegen, mit denen man mich überhäuft, nur Verlust zu befürchten.»

20

Als nun der Heilige Franziskus der Reihe nach vernahm, was Gott alles durch Bruder Bernhard gewirkt, dankte er betend dem Himmel, der nun die in Armut lebenden Jünger des Kreuzes über die ganze Welt zu streuen anfing: Unverzüglich sandte er einige seiner Gefährten nach Bologna und in die Lombardei, damit neue Stätten und Stützpunkte für die Brüder entstünden.

DAS VERMÄCHTNIS DES HEILIGEN FRANZISKUS

6 Bruder Bernhard führte ein solch gottinniges Leben, daß er beim Heiligen Franziskus in großer Verehrung stand und von ihm oft mit Lob bedacht wurde.

Als nun eines Tages der Heilige Franziskus ins Gebet vertieft war, kam ihm die Erleuchtung, Gott habe bewußt Bruder Bernhard vielen und quälenden Anfechtungen durch Dämonen ausgesetzt. Seine Seele erfaßte tiefes Mitleid, denn er liebte Bruder Bernhard wie ein Vater seinen Sohn. Mit Tränen in den Augen betete und flehte er für ihn viele Tage lang zu Gott und empfahl ihn Jesus Christus, damit er ihm die Kraft verleihe, den Dämon zu besiegen. Während Franziskus in solch hingebender Sorge den Himmel bestürmte, bekam er eines Tages die Antwort:

«Franziskus, fürchte dich nicht! Alle dämonischen Anfechtungen, gegen die Bruder Bernhard zu kämpfen hat, sind von Gott geduldet, ihn zu erproben, damit er die Krone des Lebens erringe. Am Ende wird ihm der Sieg über alle Feinde winken, denn er ist einer der Kommissare des Reiches Gottes!»

Über diese Aussicht war Franziskus selig und beglückt, so daß er Gott jubelnd dankte und von dieser Stunde an dem Bruder Bernhard eine noch innigere Liebe und noch größere Verehrung entgegenbrachte, die er ihm nicht nur während seiner weiteren Lebensjahre ständig bestätigte, sondern ganz besonders auch in seiner Todesstunde bewies.

Als sich nämlich der Heilige Franziskus zum Sterben niedergelegt hatte und ihn, wie einst den Erzvater Jakob, all seine geistlichen Söhne umstanden, in Schmerzen und Tränen aufgelöst, weil sie von einem so liebreichen Vater Abschied nehmen sollten, fragte der Sterbende:

«Wo ist mein Erstgeborener? Tritt zu mir, mein Sohn, damit meine Seele dich segne, bevor ich sterbe!»

In seiner Demut sagte Bruder Bernhard unauffällig zu Bruder Elias, der als Statthalter über den Orden eingesetzt war:

«Vater, begib dich auf die rechte Seite des Heiligen, damit er dich segne!»

Als sich Bruder Elias zu dessen rechten hingestellt hatte, fühlte der Heilige Franziskus, der seiner vielen Tränen wegen längst sein Augenlicht verloren hatte, mit seiner Hand nach dem Haupt des Bruders Elias, worauf er sagte:

«Dies ist nicht das Haupt meines Erstgeborenen, des Bruders Bernhard!»

Nun trat Bruder Bernhard auf die linke Seite. Der Heilige Franziskus kreuzte die Arme, legte seine Rechte auf Bruder Bernhards, seine Linke auf Bruder Elias' Haupt und sprach zu Bruder Bernhard hin diese Worte:

«Es segne dich Gott, der Vater unseres Herrn Jesus Christus, und spende dir durch Christus allen geistigen Segen des Himmels! Denn du bist der Erstgeborene, der auserwählt wurde, in dieser heiligen Brüderschaft das evangelische Vorbild zu geben und Christus in der evangelischen Armut nachzufolgen: du hast dich nicht nur deines Eigentums entäußert und es um der Liebe zu Christus willen vollständig und freiwillig unter die Armen verteilt, sondern in gleicher Weise dich selbst an Gott verschenkt durch ein Opfer, von dem der Duft himmlischer Süße ausströmt.

Gesegnet sollst du sein durch unseren Herrn Jesus Christus und durch mich, seinen geringen Knecht in Armut, mit ewigen Segnungen, wo immer du gehst und stehst, wo immer du wachst oder ruhst, zu allen Zeiten deines Lebens und in der Stunde deines Sterbens!

Segen ströme auf den nieder, der dich segnen wird! Wer aber Böses wider dich sagt, soll nicht ohne Strafe bleiben! Du

22

sollst der erste sein unter deinen Brüdern, und alle sollen deinen Weisungen gehorchen. Du hast die Vollmacht, wen immer du willst, in diese Brüderschaft aufzunehmen oder aus ihr auszustoßen. Keiner der Brüder soll Gewalt über dich haben, und nach freiem Willen magst du gehen und stehen, wo immer du willst!»

Nach dem Tode des Heiligen Franziskus liebten und verehrten die Brüder den Bruder Bernhard wie einen ehrwürdigen Vater. Als im Jahre 1240 die Stunde seines Scheidens nahte, pilgerten, von ihm Abschied zu nehmen, Brüder aus allen Weltgegenden herbei, und es kam auch jener ganz von der Welt abgekehrte, gotterfüllte Bruder Egidius, der den vom Tode gezeichneten Bruder Bernhard mit den fröhlichen Worten begrüßte: «Empor in den Himmel, Bruder Bernhard! Sursum corda!»

Bruder Bernhard dankte es ihm und gab insgeheim einem Bruder den Wink, für Bruder Egidius eine Unterkunft zu bereiten, wo er sich ungestört und unbehelligt in seine Betrachtungen über Gott versenken könne.

In seiner letzten Lebensstunde, unmittelbar vor seinem Heimgang, ließ sich Bruder Bernhard aufrichten und sprach die folgenden Worte zu den Brüdern, die rings um sein Lager standen:

«Liebste Brüder, ich will nicht viele Worte machen. Ihr sollt euch nur zu Herzen nehmen, daß ihr jetzt in dem Zustand der Gottverbundenheit seid, in dem ich einst stand. Und in den neuen Zustand, in den ich jetzt eingehe, werdet auch ihr einst gelangen. In meiner Seele finde ich nur diese Wahrheit: Selbst um den Preis von tausend dieser Welten möchte ich nicht einem andern Herrn gedient haben als unserem Herrn Jesus Christus. Jeglichen Unrechts, das ich getan habe, klage ich mich an und stehe in Schuld bei meinem Erlöser Jesus Christus und bei euch. Und ich bitte euch, meine Brüder, habt einander immer lieb!»

Nach diesen Worten und noch andern guten Ermahnungen legte er sich wieder auf sein Lager zurück. Verklärter Glanz strahlte von seinem Angesicht wider, so daß die Brüder großes

Staunen ergriff; in dieser lichten, klaren Freude entschwebte seine heilige Seele, gekrönt mit Herrlichkeit, von diesem zeitlichen Leben hinüber in die Seligkeit der Engel Gottes.

DER EINSIEDLER VOM TRASIMENISCHEN SEE

7 Gottvater wollte den wahrhaftigen Knecht Christi, den Heiligen Franziskus, der in gewisser Hinsicht fast als ein zweiter Christus zum Heil der Menschen in die Welt gesandt wurde, in vielen Zügen ähnlich und gleichförmig seinem Sohn Jesus Christus nachbilden. Darauf deuten die ehrwürdige Zwölfzahl seines Jüngerkreises, das wunderbare Mysterium seiner heiligen Wundmale und schließlich sein einst in Vorbereitung auf das Osterfest [wie Jesus in der Wüste] vierzig Tage dauerndes Fasten.

Als sich nämlich der Heilige Franziskus zur Zeit des Karnevals [im Jahre 1211] an den Ufern des Sees von Perugia [auch Trasimenischer See genannt] aufhielt und bei einem treugesinnten Freunde wohnte, kam durch eine innere Erleuchtung der Wunsch über ihn, die kommende Fastenzeit auf einer einsamen Insel des Sees zuzubringen. Er bat nun seinen Freund, ihn in der Nacht zum Aschermittwoch unbemerkt mit einem Kahn auf eine der unbewohnten Inseln zu bringen. Der großen Verehrung wegen, die er für den Bruder Franziskus hegte, erfüllte dieser bereitwillig die Bitte und setzte ihn auf eine solche Insel über. Als Zehrung nahm der Heilige Franziskus nur zwei kleine Brote mit.

Nachdem sie auf der Insel gelandet waren und der Freund sich anschickte, mit seinem Kahn zurückzurudern, bat ihn Franziskus inständig, niemandem zu verraten, daß er sich auf dieser Insel aufhalte, und ihn erst am Gründonnerstag wieder abholen zu kommen. Nach diesem Versprechen trennten sie sich.

Der Heilige Franziskus, mit sich allein in der Einsamkeit dieser unwirtlichen Insel, die weder eine Hütte noch sonst irgend-

GLORIA IN EXCELSIS DEO

Retable de l'église des Cordeliers à Fribourg.

ein Obdach bot, schlüpfte unter ein dichtes Gebüsch aus Schleh und anderen Sträucherarten, das dem Wild als Versteck oder einem Fallensteller als Hinterhalt hätte dienen können. Hier in diesem Unterschlupf, wo er die ganze Fastenzeit über blieb, ohne sich zu rühren, vertiefte er sich ins Gebet, um himmlischer Dinge innezuwerden. Er aß nichts und trank nichts. Einzig die Hälfte einer der beiden Brote hatte er zu sich genommen. Dies stellte sich heraus, als ihn sein Freund am Gründonnerstag abholen kam: Er fand eines der beiden Brote noch ganz, das andere zur Hälfte vor. Es ist anzunehmen, daß der Heilige Franziskus halb von dem einen Brote aß, um nicht die Ehre des hochgesegneten Jesus Christus zu schmälern, der vierzig Tage und vierzig Nächte ununterbrochen gefastet hatte, ohne irgendeine leibliche Speise zu sich zu nehmen. Indem er die Hälfte jenes kleinen Brotes aß, hielt er das Gift der geistlichen Eitelkeit von sich fern und fastete dennoch nach dem Vorbild Christi vierzig Tage und vierzig Nächte lang.

An der Stelle, wo Franziskus diese an ein Wunder gemahnende Fasten durchgehalten hat, wirkte Gott später viele Wunder, so daß sich dort Menschen niederließen und eine Siedlung entstand, die in kurzer Zeit, befestigt durch ein großes, schönes Kastell, zu einem Marktflecken erstarkte. Bald kam es auch zu einer Niederlassung der Brüder, die heute Inselkloster heißt. Und die Einwohner des Fleckens halten noch heute die Insel, auf der der Heilige Franziskus seine vierzigtägigen Fasten hielt, in hohen, frommen Ehren.

DIE VOLLBESELIGENDE FREUDE

8 Zur Winterszeit [im Jahr 1218] wanderten an einem bitterkalten Tage der Heilige Franziskus und Bruder Leo von Perugia her gegen Porziuncola. Die beißende Kälte setzte ihnen jämmerlich zu; Bruder Leo ging schweigend voraus, als Franziskus auf einmal zu sprechen anhob.

«Bruder Leo, wenn auch die Minderen Brüder überall in ihrer

25

Gottverbundenheit ein beispielhaftes Leben führen und die Menschen damit im rechten Sinn erbauen – schreibe auf und präge es dir ständig ein: Darin west nicht die vollbeseligende Freude!»

Sie schritten ein Stück des Weges weiter und Franziskus ergriff zum andern Mal das Wort:

«Bruder Leo, selbst wenn ein Minderer Bruder den Blinden das Augenlicht schenkte, den Krüppeln die verkrümmten Glieder heilte, die bösen Geister bezwänge und austriebe, die Tauben hören, die Stummen reden und die Lahmen gehen ließe, ja, wenn er Größeres noch vollbrächte und Tote an ihrem vierten Tage aus dem Grabe wieder ins Leben zurückriefe – schreibe: Darin west nicht die vollbeseligende Freude!»

Und nach einer kleinen Weile ergriff er zum dritten Mal das Wort:

«Bruder Leo, auch wenn ein Minderer Bruder die Sprachen aller Völker verstünde und ihm die Geheimnisse aller Wissenschaften kund wären und er sich in allen Büchern auskennen würde, ja, wenn er selbst die Prophetengabe hätte und nicht bloß die Zukunft, sondern auch die verborgenen Tiefen des Herzens und der Seele zu ergründen wüßte – schreibe dennoch: Darin west nicht die vollbeseligende Freude!»

Weiter schritten sie in der Kälte des Wintertages, und Franziskus hub von neuem an:

«Bruder Leo, du Lämmlein Gottes, wenn selbst ein Minderer Bruder mit Engelszungen spräche, die Bahnen der Sterne und die Kräfte der Pflanzen zu deuten wüßte, wenn er den Weg zu allen verborgenen Schätzen der Erde weisen könnte und er den Wesensgrund aller Vögel und Fische und der ganzen Tierwelt, des Menschen, der Bäume, der Gesteine, der Wurzeln und des Wassers zu durchschauen vermöchte – schreibe: Darin west nicht die vollbeseligende Freude!»

Und nach kurzem Schweigen fuhr er fort:

«O Bruder Leo, auch wenn ein Minderer Bruder so mitreißend zu predigen verstünde, daß sich alle Ungläubigen zum Christenglauben bekehrten – schreibe: Darin west nicht die vollbeseligende Freude!»

26

Und wieder nach einer Wegstrecke ergriff er das Wort:

«O Bruder Leo, selbst wenn jetzt ein Bote käme und uns die Nachricht brächte, alle Doktoren der Pariser Universität seien in unseren Orden eingetreten, und alle Erzbischöfe, Bischöfe und Prälaten der ganzen Welt samt den Königen von Frankreich und England seien Mindere Brüder geworden – schreibe trotzdem: Darin west nicht die vollbeseligende Freude!»

Während er so redete, hatten sie wohl zwei Meilen des Weges zurückgelegt. In neugieriger Verwunderung fragte schließlich Bruder Leo:

«Vater, ich bitte dich um Gottes willen, sage mir, worin die vollbeseligende Freude wesen soll.»

Franziskus gab zur Antwort:

«Stelle dir vor: Wir kommen, durchnäßt vom Regen, schlotternd vor Kälte, bedeckt mit Schmutz und geplagt von Hunger, in Porziuncola an und klopfen an die Pforte. Unwirsch erscheint der Pförtner an der Tür und herrscht uns an: ‹Wer seid ihr?›, und wir antworten: ‹Zwei eurer Brüder!›, und er fährt uns an: ‹Ihr Lügner! Zwei Landstreicher seid ihr, zwei Betrüger, die die Gegend unsicher machen und die Almosen der Armen ergaunern! Macht, daß ihr weiterkommt!› Und ohne Einlaß, hungrig und frierend vor Kälte und Nässe stehen wir draußen im Schnee bis zum Einbruch der Nacht: Wenn wir solche Schmähung, solche Unbill und eine solch hartherzige Abweisung geduldig ertragen, ohne uns zu betrüben und ohne über den Pförtner zu murren, und uns in demütiger Liebe eingestehen, daß er uns wahrhaft durchschaut und daß Gott durch ihn zu uns gesprochen hat – schreibe, Bruder Leo, schreibe: Darin west die vollbeseligende Freude!

Stell dir weiter vor: Wir klopfen wiederum an. Er aber stürzt zornentbrannt heraus, um uns als lästige Störenfriede mit Schimpf und Ohrfeigen fortzujagen und uns nachzurufen: ‹Schert euch fort, ihr gemeinen Spitzbuben! Geht zur Herberge der Landstreicher! Hier gibt es für euch kein Essen und keine Unterkunft!› Wenn wir auch dies in Geduld und mit frohsinniger, ungebrochener Liebe hinnehmen – schreibe, Bruder Leo: Darin west die vollbeseligende Freude!

Gezwungen durch Hunger, Kälte und Nacht nähern wir uns abermals der Pforte. Mit Tränen in den Augen rufen wir den Pförtner und flehen ihn an, er möge uns um der Liebe Christi willen wenigstens Einlaß gewähren. Wütend schreit er zurück: ‹Unverschämtes Gelichter, ich werde euch leuchten!› Bewaffnet mit einem Knotenstock, reißt er die Tür auf, packt uns an der Kapuze, wirft uns zu Boden, so daß wir uns im Schnee wälzen müssen, während er uns mit seinem Knüppel Hieb auf Hieb versetzt: Wenn wir all das mit unerschütterlichem Gleichmut ertragen und im Gedenken an die Leiden Christi, des Hochgepriesenen, Freude darüber empfinden, daß wir um seiner Liebe willen mit ihm im Leiden verbunden sein dürfen – schreibe, o Bruder Leo, schreibe, daß daraus die vollbeseligende Freude ihr Wesen gewinnt!

Und nun, Bruder Leo, zieh daraus die Lehre: Sich selbst zu überwinden und freiwillig um der Liebe zu Christus willen Leiden und Ungerechtigkeit zu dulden, Schmach und Mühsal auf sich zu nehmen, übersteigt selbst jene Gnaden und Gaben des Heiligen Geistes, mit denen Christus seine Freunde beschenkt. Der Gnadengaben Gottes können wir uns nicht rühmen, da sie nicht unser, sondern Gottes sind. Daher sagt der Apostel: ‹Was ist dein, das du nicht von Gott empfangen hättest? Hast du es aber empfangen, warum rühmst du dich seiner, als wäre es dein eigen?› Aber unter dem Kreuz der Drangsal und des Leids dürfen wir uns rühmen – weil es uns gehört und weil, mit den Worten des Apostels – ‹ich mich nicht rühmen will, außer es geschehe im Zeichen des Kreuzes unseres Herrn Jesus Christus›.»

DER HEILIGE UNGEHORSAM

9 Es war noch zur Urzeit des Ordens, als sich der Heilige Franziskus zusammen mit Bruder Leo in einer Einsiedelei aufhielt, wo kein Buch vorhanden war, um die gemeinsamen Stundengebete daraus zu beten. Als nun eines Morgens die

Zeit des Frühgebets gekommen war, sagte Franziskus zu Bruder Leo:

«Mein lieber Freund, wir haben kein Buch zur Hand, um daraus das Morgengebet zu lesen. Damit wir aber die Zeit doch zum Lobe Gottes nützen, werde ich dir Reden vorsagen, die du mir nachsprechen sollst. Aber gib acht, daß du die Worte genau so wiederholst, wie du sie von mir vernimmst. Ich werde also sagen: ‹O Bruder Franziskus, du hast auf dieser Welt so viel Böses getan und so viele Sünden begangen, daß du für die Hölle reif bist!›, und du, Bruder Leo, wirst nun antworten: ‹Wahrhaftig, du hast es verdient, in die tiefste Hölle geworfen zu werden!›»

Bruder Leo antwortete mit der Einfalt einer Taube:

«Gern, Vater! Fang in Gottes Namen an!»

Franziskus begann zu sprechen:

«O Bruder Franziskus, du hast auf dieser Welt so viel Böses getan und so viele Sünden begangen, daß du dir die Hölle verdient hast.»

Bruder Leo antwortete:

«Gott wird durch dich so viel Gutes wirken, daß du demnach ins Paradies eingehen wirst.»

Franziskus entgegnete:

«Nicht so sollst du sprechen, Bruder Leo, sondern wenn ich sage: ‹Bruder Franziskus, du hast so viel Schändliches wider Gott dir zuschulden kommen lassen, daß du es wert bist, von ihm verflucht zu werden›, sollst du antworten: ‹Wahrhaftig, du bist es wert, zu den Verfluchten gestoßen zu werden!›»

Und Bruder Leo versprach wiederum: «Gerne, Vater!»

Während nun die Augen des Heiligen Franziskus von Tränen überflossen und er aufseufzend an seine Brust klopfte, bekannte er mit lauter Stimme:

«O Herr des Himmels und der Erde, ich habe gegen Dich so viel Schändliches getan und habe so viel gesündigt, daß ich es ganz und gar verdiene, von Dir verdammt zu werden!»

Bruder Leo aber entgegnete:

«O Bruder Franziskus, unter den Gesegneten wirst du durch Gottes Huld zu den Reichstgesegneten gehören!»

Franziskus war nun wunderlich erstaunt, daß Bruder Leo immer das Gegenteil dessen antwortete, was ihm aufgetragen war, und er tadelte ihn:

«Warum antwortest du nicht, wie ich es von dir erwarte? Ich befehle dir und verpflichte dich im heiligen Gehorsam, daß du in dem Sinn antwortest, wie ich es von dir verlange. Ich werde es dir also vorsagen: ‹O Bruder Franziskus, du Übeltäter, glaubst du, Gott werde dir Barmherzigkeit erweisen, obwohl du viele Missetaten gegen den göttlichen Vater der Barmherzigkeit und des Erbarmens auf dich geladen hast? Unwürdig bist du, der Barmherzigkeit Gottes teilhaftig zu werden!› Und du kleines Schaf von Bruder Leo wirst mir antworten: ‹In jeder Hinsicht bist du unwürdig, Barmherzigkeit zu finden.›»

Als nun der Heilige Franziskus demütigen Herzens die eben genannten Worte wiederholte, gab Bruder Leo zur Antwort:

«Die Barmherzigkeit des göttlichen Vaters ist unendlich größer als die Bosheit deiner Sünden. Darum wird er seine Barmherzigkeit an dir erweisen und darüber hinaus dir reichlich Gnade schenken.»

Ob dieser Rede geriet der Heilige Franziskus in sanften Zorn und ärgerte sich in seiner Geduld, so daß er sich zu den Worten hinreißen ließ:

«Woher nimmst du die Anmaßung, gegen den heiligen Gehorsam zu handeln und dauernd das, was ich dir auftrage, ins Gegenteil zu kehren?»

Mit größter Demut und in aller Ehrerbietung antwortete Bruder Leo:

«Gott weiß es, mein Vater, daß ich mir jedesmal in meinem Herzen vorgenommen habe, so zu antworten, wie du mir befahlst. Aber Gott ließ mich nur nach seinem, nicht nach meinem Willen sprechen.»

Darüber verwunderte sich Franziskus, und er entgegnete Bruder Leo:

«Ich bitte dich in aller Liebe, mir dieses Mal so zu entgegnen, wie ich dir befohlen habe.»

Bruder Leo antwortete:

«Sprich in Gottes Namen vor, was ich dir dieses Mal gewiß deinem Willen getreu nachreden werde!»

Franziskus wiederholte, und seine Augen waren naß von Tränen:

«O Bruder Franziskus, du großer Sünder, meinst du etwa, daß Gott mit dir Erbarmen haben wird?»

Und Bruder Leo antwortete:

«Nicht nur mit seinem Erbarmen, sondern auch mit seiner Gnade wird er dich überhäufen. Er wird dich erhöhen und verklären in Ewigkeit, weil jeder, der sich selbst erniedrigt, erhöht werden wird, und ich kann nichts anderes sagen, außer was Gott durch meinen Mund spricht.»

Unter Tränen der Zerknirschung führten sie diesen die Seele tröstenden Disput um die Demut weiter, bis die Morgenröte gewichen und sich im vollen Licht ein neuer Tag ankündete.

DIE UNERSCHÜTTERLICHE DEMUT

10 Als sich einst der Heilige Franziskus wieder in Porziuncola aufhielt, war auch Masseo von Marignano dort, ein Bruder von tiefer Gottverbundenheit, bescheiden in seinem Herzen und begabt, innig von den Geheimnissen Gottes zu sprechen. Darum war ihm der Heilige Franziskus in großer Liebe zugetan.

Eines Tages, als Franziskus gerade im Wald gebetet hatte und nun in seine Behausung zurückkehren wollte, traf er am Waldrand auf Bruder Masseo, der sich vorgenommen hatte, seine Demut auf die Probe zu stellen, und ihn nun scheinbar höhnend begrüßte:

«Warum *dir?* Warum *dir?* Warum *dir?*»

Franziskus fragte:

«Was willst du damit sagen?»

Bruder Masseo antwortete:

«Warum läuft die ganze Welt ausgerechnet dir nach? Warum will jeder nur dich sehen, dich hören, dir gehorchen? Dein Aussehen ist unbedeutend, Schönheit nicht dein Erbteil, Gelehrsamkeit ist dir fremd, von adeliger Abkunft bist du auch nicht. Warum ist trotzdem die ganze Welt hinter dir her?»

Fröhlichkeit quoll aus dem Herzen des Heiligen Franziskus, als er diese Vorwürfe hörte. Er hob sein Antlitz gen Himmel und blieb, seinen Geist zu Gott entrückt, lange Zeit unbeweglich stehen. Wieder zu sich gekommen, warf er sich auf seine Knie, um Gott zu loben und zu danken. Dann wandte er sich Bruder Masseo zu und redete zu ihm in großer Glut des Geistes:

«Willst du wissen, warum? Sag, willst du wissen, warum gerade mir? Wissen, warum die ganze Welt sich zu mir drängt? Höre, ich habe das den Augen des allerhöchsten Gottes zu danken, die rings herniederschauen auf Gute und Böse: Diese heiligsten Augen haben unter den Sündern der Welt niemanden gefunden, der an Niedrigkeit, an Ungenügen und an Sündhaftigkeit mich übertrifft. Um das wunderbare Werk der Vorsehung zu vollenden, fand Gott keine elendere Kreatur und hat darum mich auserwählt, in dieser Welt den Stolz des Adels, die Pracht der irdischen Größe, den Glanz der Macht, den Zauber der Schönheit und die Selbstherrlichkeit der Wissenschaft zu beschämen, damit offenkundig werde, daß alle Kraft und jeder Wert aus Ihm hervorgehen und nicht aus der Kreatur selbst, die sich vor seinem Antlitz nicht aus eigenem rühmen kann. Wer sich rühmen will, der rühme sich im Herrn, dem die Fülle der Ehren und des Ruhmes zustehen von Ewigkeit zu Ewigkeit.»

Schrecken und Schauer überliefen den Bruder Masseo ob der Glut dieser demütigen Antwort, und er erkannte, daß das Wesen des Heiligen Franziskus sich auf unerschütterlicher Demut gründete.

DER KREISEL DER VORSEHUNG

11 Franziskus und Bruder Masseo hatten sich einst auf Wanderschaft begeben. Als sie sich einer dreifachen Weggabelung näherten, wo sich die Wege nach Florenz, Arezzo und Siena teilten, ging Bruder Masseo etwas voraus und fragte:

«Vater, welche Richtung sollen wir einschlagen?»

«Jene, die Gott will», antwortete Franziskus, worauf Bruder Masseo weiterfragte:

«Und wie können wir den Willen Gottes erfahren?»

Franziskus erwiderte:

«Durch ein Zeichen, zu dem ich dir verhelfen werde. Ich befehle dir im heiligen Gehorsam, dich an dieser Wegscheide wie ein Kreisel, gleich der Kinder im Spiel, um dich selber zu drehen, und du drehst dich so lange, bis ich dir aufzuhören erlaube.»

Bruder Masseo begann sich im Kreise zu drehen, bis es ihm, wie es zu geschehen pflegt, im Kopf schwindelig wurde und er mehrmals zu Boden fiel. Aber da Franziskus ihm nie Halt gebot, und er getreulich gehorchen wollte, stand er stets wieder auf und spielte von neuem den Kreisel. Plötzlich, mitten im schnellen Drehen, rief ihm Franziskus zu:

«Steh still und bewege dich nicht!»

Bruder Masseo hielt inne, und Franziskus fragte:

«Nach welcher Richtung schaut dein Gesicht?»

«Siena zu», antwortete er, und Franziskus enschied: «Dies ist der Weg, den wir nach Gottes Willen einschlagen sollen.»

Während sie nun in dieser Richtung weiterschritten, machte sich Bruder Masseo Gedanken über die Kinderei, die ihm Franziskus befohlen hatte und der er sich vor den Augen neugieriger Zuschauer hatte unterziehen müssen. Doch die Ehrfurcht gegenüber dem Vater Franziskus ließ nicht zu, daß er irgendeine Bemerkung äußerte.

Inzwischen kam Siena in Sicht, wo die Kunde, Bruder Franziskus nähere sich der Stadt, von Mund zu Mund gegangen war, so daß große Volksmassen sich zu seinem Empfang bereitmachten. In ihrer stürmischen Begeisterung trugen sie ihn und den Bruder Masseo bis vor den Bischofspalast.

Zu eben dieser Stunde war ein Streit, der einen Teil der Bürger von Siena entzweite, in eine schlimme Schlägerei ausgeartet, die bereits zwei Todesopfer gefordert hatte. Als der Zug mit dem Heiligen Franziskus an dieser Kampfstätte vorbeikam, ließ er anhalten und richtete an das Volk und die streitenden Parteien eine so innige und so unmittelbar fromme Ansprache, daß er die Verhärtung der Herzen brach und die allgemeine Eintracht und den Frieden unter den Verfeindeten wieder herstellte.

Als der Bischof von dieser Versöhnung hörte, die Bruder Franziskus vollbracht hatte, lud er ihn zu sich in seinen Palast für einen Tag und eine Nacht und erwies ihm die größten Ehren. Da aber der Heilige Franziskus, dessen Demut wahrhaftig war, in all seinem Tun den Ruhm Gottes und nicht den eigenen suchte, stand er am andern Morgen mit seinem Gefährten in aller Frühe auf und verließ den Palast, ohne sich vom Bischof zu verabschieden.

Bruder Masseo konnte dieses Betragen nicht billigen. Während sie durch die noch stillen Gassen schritten, sagte er sich in seiner mürrischen Stimmung:

«Was nimmt sich dieser gute Mann da alles heraus! Mich läßt er auf kindische Art Kreisel spielen, den Bischof, der ihm so viel Ehre erwiesen, würdigt er keines Abschiedsgrußes, noch hinterläßt er irgendein Dankeswort.»

Darum war Bruder Masseo der Meinung, der Heilige Franziskus habe sich ungehörig benommen.

Bald aber lenkte Gott seine Gedanken in eine andere Richtung, er besann sich und machte sich in seinem Herzen bittere Vorwürfe:

«Du bist vom Dünkel besessen, Bruder Masseo, weil du über das richtest, was Gott wirkt, deine widerliche Hoffart macht dich reif für die Hölle! Noch am gestrigen Tage vollbrachte Bruder Franziskus gottgefällige Taten, wie sie ein Engel des Himmels nicht hätte wunderbarer ausführen können. Selbst wenn er dir befohlen hätte, Steine zu werfen, hättest du ihm gehorchen müssen. Denn das, was er gestern auf unserem Zug durch die Stadt erwirkt hat, ist ein Werk Gottes – was sich am guten Aus-

34

gang der Sache erweist. Hätte er jene Streitenden nicht versöhnt, so hätten die Messerstiche nicht nur viele Menschenleben gefordert, sondern der Teufel hätte auch viele friedlose Seelen in die Hölle entführt. Darum bist du dünkelhaft und dumm, wenn du dich gegen das auflehnst, was sich offensichtlich im Einklang mit dem Willen Gottes vollzog.»

Erleuchtet vom Geiste Gottes, hatte der Heilige Franziskus, der hinter Bruder Masseo einherschritt, alles erahnt, was dieser in seinem Herzen erwog. Franziskus beschleunigte seine Schritte und rief Bruder Masseo zu:

«Halte dich an das, was du jetzt in diesem Augenblicke denkst, Bruder Masseo, denn es ist gut und nützlich, und Gott hat es dir eingegeben. Das vorangehende Murren aber war blind, eitel und anmaßend und dir vom Teufel in deine Seele eingeblasen.»

Jetzt wurde es Bruder Masseo vollkommen klar, daß Franziskus die verborgenen Geheimnisse seines Herzens zu erspüren vermochte, und er wurde in seiner Überzeugung bestärkt, daß der Geist der göttlichen Weisheit den heiligen Vater in all seinem Tun leitete.

DIE ERPROBUNG DES BRUDER MASSEO

12 Der Heilige Franziskus hatte sich vorgenommen, den Bruder Masseo auf die Probe zu stellen, damit er wegen der vielen Gnadengaben, die Gott ihm verlieh, nicht eitel und überheblich werde, sondern, durch die Demut mit seinen Brüder verbunden, immer mehr und mehr an innerer Vollendung zunehme.

Als er nun einmal mit seinen ersten Gefährten, alles wahrhaft gotterfüllte Jünger, zu denen auch Bruder Masseo gehörte, in einer abgelegenen Einsiedelei verweilte, sagte er eines Tages in Gegenwart aller Brüder zu Masseo:

«Bruder Masseo, all deine Gefährten hier besitzen die Gabe, durch die Predigt des Wortes Gottes das Herz des Volkes zu rühren. Damit diese Brüder sich ungestört in das Wort Gottes vertiefen können, wünsche ich, daß du die Ämter des Pförtners, des Almosensammlers und des Koches übernimmst. Du wirst also, während die Brüder gemeinsam speisen, draußen vor der Pforte deine Mahlzeiten einnehmen, um Fremde, die uns aufsuchen kommen, vor ihrem Einlaß mit einigen guten Worten über Gott zu begrüßen. Auf diese Weise braucht keiner der andern sich vom Tische zu erheben. Und du nimmst diese Mühen um des heiligen Gehorsams willen auf dich!»

Bruder Masseo streifte die Kapuze zurück, neigte das Haupt zum Zeichen des Gehorsams und ging demütig mehrere Tage lang seinen ihm aufgetragenen Pflichten nach: er versah den Pförtnerdienst, nahm Almosen entgegen und besorgte die Küche.

Bald aber spürten seine Mitbrüder als gotterleuchtete Menschen in ihren Herzen Gewissensbisse, weil auf Bruder Masseo, dessen Vollkommenheit ebensogroß oder womöglich noch größer als ihre eigene war, die ganze Last des gemeinsamen Haushaltes ruhte und sie dazu nichts beitrugen. Einmütig traten sie vor den heiligen Vater hin und baten ihn, er möge doch die Pflichten unter sie alle gleichmäßig verteilen, denn ihr Gewissen könne es nicht weiterhin dulden, daß Bruder Masseo die ganzen Lasten allein trage.

Als der Heilige Franziskus diese Stimmen hörte, nahm er ihr Anerbieten an und stimmte ihrem Begehren zu. Er rief Bruder Masseo herbei und eröffnete ihm:

«Bruder Masseo, deine Mitbrüder wollen teilhaben an den Pflichten, die zu besorgen ich dir übertragen habe; ich wünsche darum, daß die Arbeiten wieder aufgeteilt werden.»

Demütig und geduldig antwortete Bruder Masseo:

«Vater, was immer du mir auferlegst, ob ich das Ganze allein oder nur zu einem Teil vollziehen soll, ich erachte es so oder anders als von Gott befohlen.»

Beeindruckt von der Demut des Bruders Masseo und der Mitliebe der Gefährten hielt ihnen allen der Heilige Franziskus mit wunderbaren Worten den Spiegel der wahrhaft heiligen Demut vor. Er lehrte sie, je größer die Gaben und Gnaden seien, die

Gott uns gibt, um so größer müsse unsere Demut werden, denn
ohne Demut zähle vor Gott keine Tugend.

Nach dieser Ermahnung verteilte er in überfließender Liebe
die Ämter.

DAS HOHE LIED DER ARMUT

13 Der unvergleichliche Knecht und Nachfolger Christi, der
Herr Heilige Franziskus, suchte sich in allem Christus
vollkommen nachzubilden. Da uns nun das Evangelium überliefert, daß Christus seine Jünger stets zu zweien in all jene Städte
und Orte sandte, wohin er selbst zu gehen sich sehnte, hatte
auch der Heilige Franziskus zwölf Gefährten um sich geschart,
die er je zu zweien, Gottes Wort zu verkünden, in die Welt hin-
aussandte. Um ihnen ein Beispiel des wahren Gehorsams zu geben, begann er als erster die Wanderschaft, ganz nach dem Beispiel Christi, der stets die Tat vor die Lehre stellte. Nachdem er
seinen Gefährten die andern Teile der Welt zugewiesen, nahm er
sich Bruder Masseo zum Begleiter und machte sich auf den Weg
hin zum Lande Frankreich.

Als sie nun eines Tages ganz ausgehungert in ein Städtchen
kamen, gedachten sie, nach ihrem Brauch, von Tür zu Tür etwas Brot um der Liebe Gottes willen zu erbetteln. Franziskus
ging durch die eine Gasse, Bruder Masseo durch die andere.
Da aber der Heilige Franziskus von wenig ansprechender
Gestalt und klein an Wuchs war und darum von jedem, der ihn
nicht kannte, als ein minderwertiger Bettler eingeschätzt wurde, gab man ihm nur wenige Bissen und Krumen trockenen
Brotes. Bruder Masseo dagegen, der großgewachsen und wohl-
gestalt war, bekam schöne Stücke, die frich vom Brotlaib geschnitten waren.

Nachdem sie ihre Almosen gesammelt hatten, trafen sie sich
wieder außerhalb der Ortschaft, um bei einem einladenden
Quellbrunnen, der von einem schönen Stein umrandet war,
Mahlzeit zu halten. Jeder legte seine erbettelten Gaben auf die

Steinplatte. Als Franziskus nun sah, daß die Brotstücke des Bruders Masseo viel größer und appetitlicher als die seinigen waren, erfaßte ihn große Fröhlichkeit, und er frohlockte:

«O Bruder Masseo, eines solch großen Schatzes sind wir nicht würdig!»

Da er diese Worte mehrere Male wiederholte, warf Bruder Masseo ein:

«Vater, wie kann man von einem Schatz reden, wo die Armut so groß ist und selbstverständliche Dinge mangeln? Wir haben weder Tischtuch noch Messer, weder Brett noch Teller, auch kein Obdach, keinen Tisch, den uns eine Magd deckt, noch einen Diener, der uns die Speisen reicht.»

Franziskus erwiderte:

«Das ist es ja gerade, was ich als großen Schatz empfinde, daß es hier nichts gibt, was Menschen für uns hergerichtet hätten: Alles, was hier ist, hat die göttliche Vorsehung uns zugedacht. Wir sehen es sinnfällig an diesem erbettelten Brot, das auf einem so herrlichen Steintisch liegt, und an dieser reinen, klaren Quelle. Darum laß uns Gott bitten, er möge es fügen, daß wir den so kostbar edlen Schatz der heiligen Armut, unter deren Gesetz er sich selbst stellte, stets von ganzem Herzen lieben!»

Nachdem sie in diesem Sinne ihr Gebet gesprochen, erquickten sie ihren Körper mit den Brotschnitten und dem Wasser aus der Quelle und wanderten dann weiter ihrem Ziele, dem Lande Frankreich, entgegen.

Als ihr Weg sie an einer Kirche vorbeiführte, sagte der Heilige Franziskus zu seinem Gefährten:

«Laß uns zum Gebet in diese Kirche treten!»

Franziskus schritt auf den Altar zu und verbarg sich dahinter, um sich ins Gebet zu versenken: Zu dieser Stunde entzündete sich durch Einkehr göttlichen Geistes in seiner Seele eine unsagbare Liebesglut für die heilige Armut, ein Liebesbrand, der zu solchem Entzücken anschwoll, daß aus seinem glühenden Antlitz und seinem betenden Munde Feuerflammen der Liebe auszubrechen schienen. In der Glut dieser Entzückung trat er auf seinen Gefährten zu und rief ihm entgegen:

«Ah, ah, ah, Bruder Masseo, ergib dich mir!»

Dreimal wiederholte er diese Aufforderung. Beim dritten Anruf wurde durch die Macht und Gewalt seines Odems Bruder Masseo in die Luft gehoben und eine Lanzenlänge weit weggetragen. Bruder Masseo verlor sich in Staunen.

Später erzählte er seinen Mitbrüdern: Während er durch den Hauch des Heiligen Franziskus emporgehoben und fortgeschleudert worden sei, habe er in seiner Seele solche Süße und solchen Trost des Heiligen Geistes verspürt wie nie zuvor in seinem Leben.

Bevor sie sich anschickten weiterzuwandern, sprach der Heilige Franziskus zu Bruder Masseo:

«Mein Freund, laß uns zusammen die Stätte von Petrus und Paulus aufsuchen, um diese Heiligen des Himmels zu bitten, uns zu lehren und beizustehen, den unermeßlichen Schatz der heiligen Armut ganz zu gewinnen. Denn sie ist ein göttliches Juwel von solcher Kostbarkeit, daß wir nicht würdig sind, unser Leben mit ihr zu vermählen. Sie ist jene himmlische Macht, die alle irdischen Dinge in ihrer Vergänglichkeit bloßstellt und die Seele aus jeder Fessel befreit, damit sie sich in Freiheit mit dem ewigen Gott verbinden kann. Sie ist die wirkende Kraft, die die Menschen mit den Engeln des Himmels Zwiesprache halten läßt. Die heilige Armut stieg mit Christus ans Kreuz, sie wurde mit ihm begraben, ist mit ihm auferstanden und hat ihn auf seiner Himmelfahrt begleitet. Sie verleiht in diesem Leben den Seelen, die in Liebe zu ihr entbrannt sind, die Beschwingtheit, zum Himmel emporzufliegen. Sie ist die Wächterin der echten Demut und Hüterin der wahren Liebe. Deshalb laß uns nun an die heiligen Apostel Christi, die zu dieser Perle des Evangeliums in reinster Liebe entflammt waren, herantreten, damit sie für uns bei dem Herrn Jesus Christus Gnade erflehen, er möge um seiner heiligsten Barmherzigkeit willen uns die Gnade schenken, wahre Freunde, standhafte Bannerträger und demütige Jünger der unendlich kostbaren und über alles zu liebenden Armut des Evangeliums zu werden.»

Sie brachen auf und erreichten unter solchen Gesprächen

39

die Stadt Rom, wo sie sich sogleich zur Peterskirche begaben. Der Heilige Franziskus suchte dort zum Gebet einen verborgenen Winkel auf, und Bruder Masseo zog sich in einen andern zurück.

Unter vielen Tränen über seine Sünden versenkte sich Franziskus ins Gebet, und in seiner Versunkenheit hatte er ein Gesicht: In all ihrem Glanze traten die heiligen Apostel Petrus und Paulus vor ihn hin und sprachen zu ihm:

«Weil es dein Wunsch und Wille ist, dich jenem Lebensgesetz zu unterstellen, das einst das Lebensgesetz Christi und der Apostel war, schickt uns der Herr Jesus Christus, dir kundzutun, daß er dein Flehen erhört hat: Gott hat beschlossen, von nun an dir und denen, die dir uneingeschränkt nachfolgen, den Schatz der heiligsten Armut in treue Obhut zu geben. Weiter haben wir in seinem Auftrage dir noch dies zu sagen: Jeder, der wie du sein Leben vollkommen unter die Sehnsucht nach der heiligen Armut stellt, wird zur Glückseligkeit des ewigen Lebens gelangen. Du und alle, die dir nachleben, werden von Gott gesegnet sein!»

Nach diesen Worten verschwand die Erscheinung, und seliger Friede erfüllte die Seele des Heiligen Franziskus. Er erhob sich, schaute sich nach Bruder Masseo um und richtete an ihn die Frage, ob er eine Offenbarung Gottes empfangen habe. Bruder Masseo verneinte. Darauf erzählte Franziskus, daß ihm die heiligen Apostel erschienen seien und was sie ihm eröffnet hätten.

Überquellende Freude verband ihre beiden Herzen, und sie beschlossen, auf die Wanderung nach Frankreich zu verzichten und in die Einsamkeit des Tales von Spoleto zurückzukehren.

DAS BRÜDERLICHE GESPRÄCH ÜBER GOTT

14 Es war noch in den ersten Zeiten brüderlichen Lebens, als Franziskus seine Gefährten um sich versammelte, um mit ihnen ein gemeinsames Gespräch über Christus zu führen. Im hinreißenden Eifer seines Geistes befahl er einem Gefährten, im Namen Gottes das Wort zu ergreifen und freimütig von Gott zu reden, was der Heilige Geist ihm eingeben würde.

Der Bruder gehorchte und redete so lange in wunderbarer Sprache von Gott, bis ihn Franziskus schweigen ließ und die gleiche Aufforderung an einen andern Gefährten richtete.

Im Zeichen des Gehorsams begann der Aufgeforderte, geistdurchdrungen von Gott zu künden, bis Franziskus auch ihn unterbrach und das Wort einem dritten Bruder gab, der sich nun seinerseits über die Geheimnisse Gottes so gedankentief äußerte, daß dem seligen Vater Gewißheit ward, durch ihn und durch die beiden andern Gefährten habe wahrhaft der Heilige Geist gesprochen. Ein Ereignis besonderer Art bestätigte dies:

Während der Heilige Franziskus mit seinen Gefährten das Gespräch über Gott weiterführte, erschien in ihrer Mitte Christus, der Hochgesegnete. Verkörpert in der Gestalt eines von Schönheit strahlenden Jünglings, trat er unter sie, und es ging ein Segen von ihm aus, der sie vor wonniger Süße trunken machte, so daß die Verzückung sie überkam und sie von dieser Welt nichts mehr spürten und einen Anblick boten, als hätte die Hand des Todes sie zu Boden geworfen.

Als sie aus der Verzückung wieder erwachten, ergriff der Heilige Franziskus das Wort:

«Lobet und danket Gott, geliebteste Brüder, der durch den Mund der Einfältigen die Schätze der göttlichen Weisheit offenbart: Er ist es, der den Stummen den Mund öffnet und durch die Zungen der Einfältigen die befreiende Weisheit verkünden läßt!»

FLAMMEN HIMMLISCHER LIEBE

15 Wann immer der selige Vater Franziskus sich in Assisi aufhielt, pflegte er von Zeit zu Zeit Schwester Clara zu besuchen, um sich mit ihr über heilige Dinge auszusprechen. Eines Tages bekannte sie ihm, sie hätte das sehnliche Verlangen, einmal gemeinsam mit ihm Mahlzeit zu halten. Obwohl sie diese Bitte öfter wiederholte, wollte Franziskus ihr diese Freude nicht gewähren. Schließlich wandten sich seine Mitbrüder, die den Wunsch der Heiligen Clara kannten, an ihn und sagten:

«Vater, uns scheint, deine Härte verstößt gegen die göttliche Liebe! Wie kannst du die Bitte Schwester Claras, einer so heiligmäßigen und von Gott offensichtlich geliebten Jungfrau, ständig abschlagen? Du mußt doch bedenken, sie hat auf deine Predigt hin ihrem Reichtum und dem blendenden Glanz der Welt entsagt, so daß du wahrhaftig, wenn sie dich um eine viel größere Gnade als diese bäte, sie deinem geistigen Geschöpf gewähren müßtest!»

Auf diese Vorhaltungen hin erwiderte der selige Vater:

«Ihr meint also, ich soll ihre Bitte erfüllen?»

«Ja, Vater, denn es ist deiner würdig, ihr diese tröstliche Herzensfreude zu machen!» antworteten alle Mitbrüder.

«Da es euch recht und billig erscheint, will ich meinen Widerstand aufgeben», entgegnete Franziskus und fuhr nun fort: «Um Schwester Clara eine möglichst große Freude zu bereiten, ist es mein Wunsch, daß diese Mahlzeit zu Porziuncola in Santa Maria von den Engeln stattfinden soll, denn schon seit langem führt sie in San Damiano ein weltfernes Leben der Buße und Zurückgezogenheit. Groß wird darum ihre Freude sein, Santa Maria von den Engeln wiederzusehen, wo sie sich zum Zeichen ihres Abschieds von der Welt der Eitelkeit die Haare scheren ließ und sich zur Braut Jesu Christi erklärte. Dort werden wir alle gemeinsam im Namen Gottes eine Mahlzeit halten!»

Als der hierfür festgesetzte Tag angebrochen war, verließ die Heilige Clara mit einer Gefährtin San Damiano. Brüder, die der

Heilige Franziskus zu ihrem Geleit beordert hatte, führten sie nach Porziuncola. Unmittelbar nach ihrer Ankunft betrat sie die Kirche, um vor jenem Altar, an dem einst ihr Haar geschnitten und ihr der Schleier gereicht worden war, ehrfurchtsvoll die Jungfrau Maria zu begrüßen.

Anschließend begleiteten sie die Brüder auf einem Rundgang durch Porziuncola, bis die Stunde des Mittagessens nahte.

In gewohnter Demut hatte der selige Vater Franziskus den Tisch auf bloßer Erde herrichten lassen. Als die Mittagszeit gekommen war, führte er selbst Schwester Clara, ein Mitbruder ihre Begleiterin zum gedeckten Tisch. Erst darauf nahmen alle übrigen Brüder bescheiden ihre Plätze ein.

Während die erste Speise gereicht wurde, ergriff der Heilige Franziskus das Wort. Was er äußerte, waren so innige, so hohe und wunderbare Gedanken, daß die Fülle göttlicher Huld auf diese Tischgemeinschaft niederstrahlte, und sie alle von einer Verzückung erfaßt wurden.

Zu dieser Stunde, als sie bewegungslos, die Augen und Hände gen Himmel gerichtet, in göttlicher Versunkenheit um ihr Mahl saßen, sahen die Einwohner von Assisi, Bettona und den umliegenden Dörfern die Kirche und Wohnzellen der Brüder von Porziuncola und den angrenzenden Wald in Flammen stehen, und das lodernde Feuermeer schien die ganze Niederlassung zu verschlingen. In aller Eile rannten die Leute von Assisi hilfsbereit herbei, um den vermeintlichen Brand einzudämmen und zu löschen. Als sie jedoch vor Porziuncola standen, sahen sie kein Feuer mehr; sie drangen darum in die Kirche und zu den Räumen der Brüder vor: In Gott verzückt saßen der Heilige Franziskus, die Heilige Clara und die ganze Gemeinschaft an dem bescheidenen Tisch. Beim Anblick dieser Versunkenheit wußten sie auf einmal, daß sie kein irdisches, sondern ein himmliches Feuer gesehen hatten, das Gott als Wunder aufflammen ließ, um zu erweisen und sichtbar darzutun, welch Feuer der göttlichen Liebe in den Seelen dieser heiligen Brüder und heiligen Schwestern brannte. Ihre Herzen füllten sich mit tröstlichem Frieden, und voll heiliger Erbauung entfernten sie sich wieder.

Als nach geraumer Zeit der Heilige Franziskus, Schwester Clara und alle übrigen aus ihrer Versunkenheit erwachten, fühlten sie sich von geistiger Süße dermaßen gestärkt, daß sie nach irdischen Speisen kaum noch Verlangen spürten.

Nach dieser gesegneten Tafelgemeinschaft kehrte die Heilige Clara, fürsorglich geleitet, nach San Damiano zurück, wo die Schwestern über ihre Wiederkehr große Freude empfanden, denn sie hatten schon befürchtet, der Vater Franziskus könnte sie in ein anderes Kloster als Vorsteherin geschickt haben, wie schon Schwester Agnes, die leibliche Schwester der Heiligen Clara, als Äbtissin ins Kloster Monticelli bei Florenz. Der selige Vater hatte nämlich einmal zur Heiligen Clara gesagt:

«Halte dich ständig bereit! Wenn es notwendig ist, schicke ich dich in ein anderes Kloster!»

Als Tochter des heiligen Gehorsams hatte sie geantwortet:

«Vater, ich bin jederzeit bereit zu gehen, wohin du mich senden magst!»

Weil sie sich an dieses Gespräch erinnerten, waren die gottgeweihten Jungfrauen von San Damiano so voller Freude, als Schwester Clara aus Porziuncola zurückkehrte und ihnen wiedergegeben wurde.

Seit dem Tage dieses Liebesmahles in Porziuncola war das Herz der Heiligen Clara gestillt mit Trost und heiligem Frieden.

«VÖGEL, IHR MEINE LIEBEN GESCHWISTER!»

16 Als der demütige Knecht Christi, der Heilige Franziskus, schon bald nach seiner Bekehrung viele Gefährten gewonnen und in die gemeinsame Brüderschaft aufgenommen hatte, kamen ihm viele Bedenken und schwere Zweifel, ob er sich nur dem Gebete widmen oder ob er auch dann und wann predigen solle. Es war deshalb sein sehnlicher Wunsch, den Willen der göttlichen Vorsehung zu erfahren.

Da er aber in seiner heiligen Demut weder von seiner eigenen Einsicht noch von der Wirkung seines Gebetes etwas erwartete, faßte er den Entschluß, mit brüderlicher Gebetshilfe die Absichten Gottes zu ergründen. Er rief deshalb den Bruder Masseo zu sich und gab ihm den Auftrag:

«Geh hin zu Schwester Clara und bitte sie in meinem Namen, sie möge mit einigen geistig besonders erleuchteten Gefährtinnen inständig Gott bitten, mir zu offenbaren, was richtiger sei: Prediger zu werden oder betender Einsiedler. Von San Damiano begib dich zu Bruder Sylvester, der auf dem Monte Subasio wohnt, und eröffne ihm das gleiche!»

Bruder Sylvester hatte, als er noch als «Herr Sylvester» in der Welt lebte, im Traume aus dem Munde des Heiligen Franziskus ein goldenes Kreuz hervorgehen sehen, dessen Spitze bis zum Himmel reichte und dessen Arme sich über die beiden Weltenden breiteten. Dieser Bruder lebte in solcher Frömmigkeit und Gottverbundenheit, daß der Heilige Geist Gottes mit ihm Zwiesprache hielt und alles, was er betend zu Gott trug, Erhörung fand. Deshalb begegnete ihm der Heilige Franziskus mit größter Ehrfurcht und innigem Vertrauen.

Wie der selige Vater ihm befohlen, machte sich Bruder Masseo auf den Weg und überbrachte seinen Auftrag zuerst der Heiligen Clara und dann dem Bruder Sylvester.

Sobald dieser die Botschaft gehört, versenkte er sich ins Gebet. Als er die Antwort Gottes erbetet hatte, trat er wieder vor Bruder Masseo hin und sprach:

«Dies ist die Antwort Gottes: Du sollst Bruder Franziskus bestellen, Gott habe ihn nicht nur zu seinem eigenen Heile berufen, sondern um Seelen zu gewinnen, damit viele durch ihn zum Reiche Gottes gelangen.»

Nachdem er diesen Bescheid erhalten, kehrte Bruder Masseo zur Heiligen Clara zurück, um zu erfahren, welche Weisung sie von Gott erhalten habe. Aus ihren Worten ging hervor, daß sie und ihre Gefährtinnen von Gott der gleichen Antwort gewürdigt wurden wie Bruder Sylvester.

Bruder Masseo wurde bei seiner Heimkehr vom seligen Vater Franziskus liebevoll empfangen; er wusch ihm selbst die Füße und bereitete ihm sein Essen. Anschließend gingen sie zusammen in den Wald. Hier kniete der Heilige Franziskus vor Bruder

45

Masseo nieder, streifte seine Kapuze zurück, kreuzte seine Arme und fragte ihn:

«Was befiehlt mein Herr Jesus Christus, daß ich tun soll?»

Bruder Masseo gab zur Antwort:

«Sowohl dem Bruder Sylvester wie Schwester Clara und ihren Gefährtinnen ließ Christus den Bescheid zukommen, es sei sein Wille, daß du predigend durch die Welt gehst, weil du nicht allein zu deinem Heile, sondern auch zu dem deiner Mitmenschen berufen bist!»

Als der Heilige Franziskus diesen Auftrag vernommen hatte und den Willen Gottes erkannte, entflammte in ihm die Liebe Gottes. Mit den Worten: «So laßt uns im Namen Gottes aufbrechen!» erhob er sich und befahl dem Bruder Masseo und dem Bruder Angelo – beide waren heiligmäßige Männer –, ihn auf seiner Wanderschaft zu begleiten.

Erfüllt von ihrer Sendung, eilten sie dahin, ohne auf Weg und Steg zu achten, und kamen so zu einem Flecken namens Savurniano, wo Franziskus zu predigen begann.

Auf dem freien Platz übertönte das Gezwitscher der Schwalben seine Stimme. Darum befahl er ihnen, sich still zu verhalten, bis er seine Predigt geendet hätte. Und siehe, das Schwalbenvolk gehorchte seinem Worte. Und nun predigte er mit solcher Inbrunst, die alle Anwesenden, Männer und Frauen, so stark ergriff, daß sie ihre Heimstätte verlassen und ihm nachfolgen wollten. Doch der Heilige Franziskus verwehrte es ihnen und sprach:

«Überstürzt nichts, und zieht nicht von hier weg! Ich werde mich um das Heil eurer Seelen kümmern!»

In dieser Stunde kam dem Heiligen Franziskus der Gedanke, zum umfassenden Heil aller Menschen den Dritten Orden zu gründen. Er verabschiedete sich und ließ, da er ihre Bußbereitschaft so sichtlich erweckt hatte, Trost und Friede zurück.

Sein Weg führte ihn weiter in die Gegend zwischen Cannaio und Bevagno. Als er in seiner Inbrunst dahinschritt und seine Augen in die Weite schauten, sah er, wie sich auf den Bäumen längs des Weges eine unermeßliche Schar von Vögeln niedergelassen hatte.

Der Heilige Franziskus wurde darob tief ergriffen und sagte zu seinen Begleitern:

«Wartet hier am Wege auf mich! Ich werde unterdessen meinen Schwestern, den Vögeln, predigen gehen.»

Er ging aufs Feld und begann, den Vögeln, die sich am Boden aufhielten, zu predigen. Sogleich flogen auch jene, die noch auf den Bäumen saßen, herbei. Im Umkreis des Heiligen ließen sie sich nieder, und unbeweglich hörten sie seiner Predigt zu. Erst als er ihnen seinen Segen erteilt hatte, flogen sie weg.

Bruder Masseo und Bruder Jakob von Massa erzählten später, daß Franziskus unter den lauschenden Vögeln umhergewandelt sei und sie mit seiner Kutte gestreift habe, ohne daß auch nur einer darob wegflog.

Was der Heilige Franziskus der Vogelschar predigte, ist wie folgt überliefert:

«Vögel, ihr meine lieben Geschwister, ihr seid Gott, eurem Schöpfer, sehr verpflichtet, so daß ihr ständig sein Lob singen müßt, denn er hat euch die Freiheit gegeben, überall hinzufliegen nach eurem Belieben. Er hat euch ein doppeltes und dreifaches Kleid geschenkt, auch hat er euren Samen in Noahs Arche gerettet, damit ihr Vogelvolk nicht zu Schaden kämt. Überdies seid ihr ihm verpflichtet für das Reich der Lüfte, das er euch zugewiesen. Ihr sät nicht, ihr erntet nicht, aber der himmlische Vater nährt euch doch: Er gibt euch die Flüsse und Quellen zur Atzung, die Berge und Täler als Zufluchtsstätten, und die hohen Bäume gehören euch, damit ihr in ihnen nisten könnt. Obgleich ihr nicht zu spinnen, zu weben und zu schneidern versteht, kleidet Gott euch und eure Jungen. Gar innig liebt euch euer Schöpfer, da er euch mit solchen Wohltaten überhäuft. Darum sollt ihr, meine lieben Geschwister, nie durch Undankbarkeit sündigen, sondern trachtet danach, unablässig Gottes Lob zu singen!»

Noch während dieser Worte des Heiligen Franziskus öffneten alle Vögel die Schnäbel, reckten den Hals, spreizten die Flügel und neigten ehrerbietig die Köpfe, um mit Gebärden und Gezwitscher kundzutun, daß ihnen der selige Vater ein

47

großes Vergnügen bereitet habe. Er aber freute sich liebenden Herzens an ihnen und staunte über ihre riesige Schar, über ihre reiche Vielgestalt, ihre Aufmerksamkeit und ihre unbekümmerte Zutraulichkeit – und andachtsvoll pries er den Schöpfer in ihnen.

Als er schließlich seine Predigt beendet hatte, segnete er sie mit dem Zeichen des Kreuzes und entließ sie. Unter jubelndem Trillieren schwangen sich daraufhin alle Vögel in die Lüfte, und entsprechend dem Kreuzzeichen, das er über sie gemacht hatte, teilten sie sich in vier Scharen: die eine flog dem Morgen, die andere dem Abend zu, die dritte zog gen Mittag und die vierte gen Mitternacht. Unter entzückendem Jubilieren verschwand jeder Schwarm in die Weite – und es zeigte sich der gleichnishafte Sinn:

Wie diese Vögel, denen der Heilige Franziskus, der Bannerträger der Kreuzespredigt Christi, Worte der göttlichen Ermahnung mitgegeben und über sie das heilige Kreuzzeichen gemacht hatte, sich nach allen vier Richtungen der Welt verteilten, so sollte auch die Kreuzpredigt Christi, die der Heilige Franziskus erneuert hatte, von ihm selbst und von seinen Brüdern durch die ganze Welt getragen werden. Die Brüder nennen auf Erden nichts ihr eigen, sondern wie die Vögel stellen sie ihr Leben einzig auf die Vorsehung Gottes ab.

DER SELIGE VATER UND DAS JUNGE BRÜDERLEIN

17 Noch zu Lebzeiten des seligen Vaters Franziskus wurde ein Knabe von großer Reinheit und Unschuld in die Gemeinschaft der Brüder aufgenommen. Er lebte in einer kleinen Niederlassung, wo die Brüder der Armut und Enge wegen im Schlafraum Kopf an Kopf liegen mußten.

Einmal kam nun der selige Vater hierher auf Besuch. Gleich nach dem Abendgebet begab er sich zur Ruhe, um wie gewohnt des nachts, während die übrigen Brüder schliefen, zum Gebet aufstehen zu können.

Der Knabe nun hatte sich vorgenommen, heimlich die Lebensgewohnheiten des seligen Vaters zu ergründen. Er wollte Näheres über sein heiligmäßiges Leben erfahren und sich besonders darüber Gewißheit verschaffen, warum er des Nachts seine Schlafstätte verließ. Damit der Schlaf ihn nicht um seine Absicht betrüge, legte sich der Knabe zu seiten des Heiligen Franziskus zur Ruhe und verknotete heimlich seinen Strick mit jenem des seligen Vaters, in der Hoffnung, dadurch auf jeden Fall wach zu werden, wenn dieser sich erhob.

Noch in der ersten Nachthälfte, sobald alle Brüder eingeschlafen waren, stand der Heilige Franziskus auf. Als er fühlte, daß sein Strick an jenen des noch kindlichen Bruders geknüpft war, löste er ihn sachte, ohne daß der Knabe es merkte. Er zog sich allein in den Wald zurück, der an die Einsiedelei grenzte, und suchte eine einsame Hütte auf, um darin zu beten.

Nach einiger Zeit erwachte der Knabe und sah, daß der Strick gelöst und Vater Franziskus aufgestanden war. Leise erhob er sich und ging ihn suchen. Da er den Ausgang zum Wald hin offen fand, dachte er, Vater Franziskus habe sich in den Wald begeben, und versuchte seiner Spur zu folgen.

Als er sich der Stelle näherte, an der der Heilige Franziskus betete, war ihm, als höre er ein großes Stimmengewirr. Er ging weiter, um genauer zu verstehen, was da gesprochen wurde, und zu beobachten, was da vor sich ging. Plötzlich sah er ein funkelndes Lichtmeer, das den Heiligen Franziskus umflutete: Jesus Christus, die Jungfrau Maria, Johannes der Täufer und Johannes der Evangelist, begleitet von einer großen Engelschar, waren dem seligen Vater Franziskus erschienen und unterhielten sich mit ihm. Im Anblick dieses himmlischen Schauspiels fiel der Knabe wie tot zu Boden.

Als das Mysterium dieser heiligen Erscheinung abbrach und Franziskus zum Kloster zurückkehren wollte, stolperte er über den immer noch bewußtlos am Boden liegenden Knaben. Von Mitleid gerührt, hob er ihn auf und trug ihn auf seinen Armen zu seinen Brüdern zurück, wie es der gute Hirte mit seinem Lämmlein macht.

Als einige Zeit später der Heilige Franziskus aus dem Munde

49

des jungen Bruders vernahm, wie er Zeuge der Erscheinung geworden war, verbot er ihm, solange er, Franziskus, lebe, irgend jemandem etwas von dem in jener Nacht Geschauten zu verraten.

Der Knabe wuchs in die Gnade Gottes und in die Nachfolge des Heiligen Franziskus hinein und hatte später durch seine beispielhafte Lebensführung großen Einfluß auf seine Mitbrüder. Erst nach dem Heimgang des seligen Vaters offenbarte er ihnen jene Erscheinung, die er einst als junger Bruder mitschauen durfte.

DAS MATTEN-KAPITEL

18 Franziskus, der getreue Knecht Jesu Christi, berief einst [wahrscheinlich im Jahre 1219] all seine Mitbrüder und Gefährten zu einer gemeinsamen Zusammenkunft – Generalkapitel genannt – nach Porziuncola. Über fünftausend Brüder folgten seinem Ruf.

Gerade in diesen Wochen, da das Kapitel stattfand, war der heilige Dominikus, Haupt und Gründer des Ordens der Predigerbrüder, unterwegs von Burgund nach Rom. Als er von der allgemeinen Zusammenkunft der Minderen Brüder hörte, die auf Veranlassung des Heiligen Franziskus in Porziuncola stattfinden sollte, begab er sich mit sieben seiner Ordensbrüder dorthin, um daran teilzunehmen. Auch war an diesem Kapitel ein dem seligen Vater sehr gewogener Kardinal anwesend, dem Franziskus prophezeit hatte, er würde einst Papst werden, was denn auch eintraf [Ugolino von Ostia, der spätere Papst Gregor IX.]. Dieser Kardinal war eigens von Perugia, wo damals der Papst Hof hielt, nach Assisi gekommen. Täglich besuchte er den Heiligen Franziskus und seine Gefährten. Zuweilen las er allen daselbst versammelten Brüdern eine Messe und hielt ihnen eine Predigt. Sooft dieser Kardinal die heilige Versammlung besuchte, vergrößerte sich seine von frommen Staunen getragene Zuneigung und Liebe zu den Minderen Brüdern.

In der Umgebung Santa Marias von den Engeln fand er die Brüder gruppenweise sitzen, hier vierzig, da hundert, dort achtzig beisammen. Sie sprachen über das Reich Gottes und darüber, wie es zu verwirklichen sei. Der Geist göttlicher Liebe ließ sie beten und Reuetränen über ihre Sünden vergießen. Kein Lärm und kein lautes Treiben störte die demuterfüllte Stille.

Tief beeindruckt von der inneren und äußeren Zucht einer so großen Menschenmenge, gestand der Kardinal seinen Begleitern, vor Ergriffenheit und Rührung sichtlich gegen Tränen ankämpfend:

«Wahrhaftig, hier hat der Adel des Reiches Gottes sein Feldlager aufgeschlagen!»

Niemanden hörte man unnützes oder törichtes Zeug reden; wo immer eine Gruppe Brüder sich zusammenfand, beteten sie still für sich oder verrichteten gemeinsam die Stundengebete, beweinten ihre Sünden und schlossen die ihrer Wohltäter in die Reue mit ein oder unterhielten sich über ihr Seelenheil.

Als Unterkunft dienten ihnen auf dem Felde errichtete Schutzdächer aus Weidengeflecht und Strohmatten, weshalb dieses Kapitel unter dem Namen «Matten-Kapitel» in die Überlieferung einging. Ihr Lager war die bloße Erde, und nur ab und zu fand sich ein wenig Stroh. Steine oder Holzklötze dienten als Kopfkissen.

Wer als Außenstehender Zeuge dieses Lebens wurde oder davon berichten hörte, faßte ehrfurchtsvolle Zuneigung zu den Brüdern; der Ruf ihrer großen Heiligkeit verbreitete sich überallhin, so daß vom päpstlichen Hof in Perugia und aus allen andern Orten des Tales von Spoleto viele Grafen, Freiherren, Ritter und andere Edelleute und dazu viele Männer und Frauen aus dem einfachen Volke, ferner Kardinäle, Bischöfe, Äbte und viele andere Kleriker nach Porziuncola pilgerten, um Augenzeuge dieser so heiligen und gewaltigen, aber demütigen Versammlung zu werden. Denn noch nie hatte die Welt so viele gotterfüllte Menschen beisammen gesehen. Vor allem aber strömten sie herbei, um das Haupt und den hochheiligen Vater dieses Gottesvolkes zu schauen, der mit dieser edlen, frommen Herde eine so große Beute entrissen hatte, um den Fußstapfen des wahren Hirten Jesu Christi zu folgen.

Als das Generalkapitel vollständig versammelt war, verkündete ihrer aller heiliger Vater und oberstes Haupt, der Heilige Franziskus, in flammendem Geiste die Botschaft Gottes; und er predigte ihnen mit erhobener Stimme, was er vom Heiligen Geiste empfangen. Den Grundgedanken faßte er in folgende Worte:

«Meine Söhne, Großes haben wir Gott versprochen! Größeres noch hat er uns verheißen, wenn wir das halten werden, was wir ihm gelobt haben. Unerschütterlich laßt uns dieser Verheißung harren! Kurz ist die Lust dieser Welt, ewig aber die Pein, die ihr folgt. Gering ist das Leiden in diesem Leben, unendlich aber die Herrlichkeit des ewigen Lebens!»

Voll innerer Ergriffenheit legte er diese Gedanken dar, stärkte und ermutigte seine Brüder im Willen, gehorsam und ehrerbietig der heiligen Mutter Kirche zu begegnen, brüderliche Liebe zu üben, stellvertretend für das ganze Volk Gott anzubeten, geduldig die Anfechtungen von seiten der Welt zu ertragen, Zurückhaltung gegenüber dem Erfolg zu zeigen, eine engelgleiche Reinheit und Keuschheit zu bewahren, in Frieden mit Gott und den Mitmenschen und in Eintracht mit dem eigenen Gewissen zu leben und die auf Gott gerichtete Armut zu lieben und zu verwirklichen. Er sagte wörtlich:

«Euch allen, die ihr hier zusammengekommen seid, befehle ich um des Verdienstes des heiligen Gehorsams willen, daß keiner sich kümmere und sorge um Essen und Trinken und sonstige Bedürfnisse des Leibes. Euer Sinnen und Trachten sei, Gott anzubeten und zu loben. Alle Sorge um das Leibliche überlaßt ihm, denn er hat euch in besondere Obhut genommen!»

Freudigen Herzens und fröhlichen Geistes nahmen alle dieses Gebot an, und in gemeinsamem Gebet bekundeten sie ihren Willen, den Worten des Heiligen Franziskus zu folgen.

Der Heilige Dominikus, der diese Predigt mitangehört hatte, war erstaunt und befremdet über das Armutsgebot des Franziskus, das er in dieser Form für undurchführbar hielt; denn er konnte sich nicht vorstellen, wie es möglich sein sollte, eine so große Gemeinschaft ohne Vorsorge für die leiblichen Bedürfnisse zu leiten.

Aber der allerhöchste Hirte, Christus, der Gebenedeite, wollte gerade zu dieser Stunde erweisen, wie er für seine Herde sorgt und mit welch unvergleichlicher Liebe er sich seiner Armen annimmt: Unter den Einwohnern von Perugia, Spoleto, Foglino, Spello, Assisi und den umliegenden Gegenden wurde der Gedanke wach, jener heiligen Versammlung Speise und Trank zu bringen. Und siehe, plötzlich brachen aus den genannten Ortschaften Menschen auf mit Maultieren, Pferden und Karren, beladen mit Brot und Wein, mit Bohnen und Käse und anderen guten Eßwaren, an denen die Armen Christi Not litten. Überdies brachten sie Tischtücher, Teller, Krüge, Becher und anderes Geschirr, wie es für eine so große Menschenmenge benötigt wurde. Glücklich pries sich, wer am meisten herbeibringen oder wer die besten Dienste leisten konnte. Selbst die Ritter und Freiherren und andere Leute aus vornehmem Geblüt, die aus bloßer Neugier erschienen waren, halfen demütig mit, im Zeichen der Ehrfurcht die Minderen Brüder zu bedienen.

Als der Heilige Dominikus all das mitansah, was hier geschah, erkannte er Gottes Vorsehung. Demütig gestand er sich ein, daß er durch sein vorschnelles Urteil über das Armutsgebot dem Heiligen Franziskus Unrecht getan hatte. Er trat darum vor ihn hin, kniete nieder und bekannte vorbehaltlos seine Schuld. Sein Bekenntnis schloß mit den Worten:

«Wahr ist, daß Gott für diese heiligen Armen sorgt, aber ich wußte es nicht. Doch zu dieser Stunde gelobe auch ich, der heiligen Armut des Evangeliums nachzuleben. Der Fluch Gottes treffe alle Brüder meines Ordens, die sich anmaßen, nach Eigentum zu trachten!»

Damit ist erwiesen, wie tief der Heilige Dominikus beeindruckt war vom Glauben des seligen Vaters Franziskus, vom Gehorsam und von der Armut seiner großen und innerlich geordneten Brüderschaft, der durch Gottes wirkende Vorsehung die Überfülle alles Guten zuteil wurde.

53

Da jenes Kapitel tagte, wurde dem Heiligen Franziskus hinterbracht, viele Brüder trügen Bußgürtel und schmerzende Eisenringe auf dem bloßen Körper, manche Brüder seien davon krank geworden und einige sogar gestorben, andere wieder seien durch ihre Kasteiung am Beten gehindert.

Als fürsorglicher Vater befahl deshalb der Heilige Franziskus jedem Bruder, auf den heiligen Gehorsam hin, seinen Bußgürtel oder seinen Eisenring abzulegen und ihm zu bringen. Dies geschah, und über fünfhundert Bußgürtel und noch weit mehr Arm- und Leibringe wurden gezählt. Man schichtete sie zu einem großen Haufen zusammen, und der Heilige Franziskus befahl, ihn unberührt liegen zu lassen.

Damit war das Kapitel beendet. Zum Abschied ermahnte und ermutigte der Heilige Franziskus alle seine Brüder, gut zu bleiben und sich in dieser Welt voll Bosheit vor Sünde zu bewahren. Mit dem Segen Gottes und seinem Segen sandte er sie, getröstet in geistiger Glückseligkeit, heim in ihre Provinzen.

DER WUNDERBARE WEINBERG

19 Zu jener Zeit, als [gegen Ende seines Lebens] der Heilige Franziskus schwer an seiner Augenkrankheit litt, schrieb ihm [im Sommer 1225] Kardinal Ugolino, Protektor des Ordens, in rührender Zuneigung besorgt um ihn, er solle zu ihm nach Rieti kommen, wo es hervorragende Augenärzte gäbe.

Auf diese Einladung hin begab sich Franziskus zunächst nach San Damiano, um der Heiligen Clara, der frommen Braut Christi, einige tröstende Worte zu hinterlassen, bevor er sich auf den Weg zum Kardinal machte.

Während der Nacht nach seiner Ankunft in San Damiano verschlimmerte sich das Leiden seiner Augen so sehr, daß ihn jeder Lichtstrahl schmerzte. Da er in diesem Zustande nicht abreisen konnte, ließ die Heilige Clara für ihn [im Garten von San

Damiano] eine kleine Hütte aus Rohrgeflecht errichten, damit er ungestört dort ruhen könne.

Fünfzig Tage lang blieb er im Garten von San Damiano. Aber um nichts in der Welt, weder bei Tag noch bei Nacht, konnte er dort die erhoffte Ruhe finden, denn unablässig plagten ihn die schmerzenden Augen, und überdies belästigten ihn unzählige Mäuse gar jämmerlich. Als die Schmerzen und die Plagen immer ärger wurden, tröstete er sich mit dem Gedanken, dies alles sei eine Geißel Gottes, ihn für seine Sünden zu züchtigen. Deshalb dankte er Gott mit Herz und Mund und rief laut:

«Mein Herr, ich bin deiner Geißel würdig, und ich habe noch viel Schlimmeres verdient!»

Und betend fuhr er fort:

«Mein Herr Jesus Christus, du guter Hirte, durch Leiden und körperliche Schmerzen schenkst du uns Sündern, die wir deiner nicht würdig sind, deine Barmherzigkeit. Verleihe mir, deinem Schäflein, Hilfe und Kraft, daß ich in keiner Krankheit, in keinen Ängsten und in keiner Leidensqual je von dir lasse!»

Als Antwort auf dieses Gebet hörte er eine himmlische Stimme:

«Franziskus, antworte mir: Wenn die ganze Welt aus Gold bestände und alle Meere, Quellen und Flüsse aus Balsam wären und alle Berge, Hügel und Felsen lauter Edelgestein, und du fändest einen Schatz noch viel kostbarer als dies alles – wie Gold kostbarer ist als Erde, Balsam kostbarer als Wasser und Edelsteine kostbarer als Berge und bloßes Felsgestein –, und es würde dieser kostbare Schatz dir deiner Krankheit wegen geschenkt, müßtest du nicht zufrieden und glücklich sein?»

Da erwiderte der Heilige Franziskus:

«Eines solch kostbaren Schatzes bin ich gar nicht würdig!»

Die Stimme Gottes aber entgegnete ihm:

«Freue dich, Franziskus, weil dies der Schatz des ewigen Lebens ist, den ich für dich aufhebe und mit dem ich dich von dieser Stunde an belehne. Deine Krankheit und deine Mühsal verbürgen dir die ewige Glückseligkeit!»

Aufjubelnd über dieses Versprechen, rief der Heilige Franziskus seinen Gefährten herein und sagte:

«Wir brechen auf zum Kardinal!»

Mit gottinnigen Worten tröstete er die Heilige Clara und nahm in zarter Demut von ihr Abschied. Ohne Säumen wanderte er auf Rieti zu.

Als er sich seinem Ziele näherte, kam ihm viel Volk entgegen. Er aber wollte nicht von Volksmengen umschart in die Stadt einziehen. Deshalb suchte er eine stille Kirche auf, die etwa zwei Meilen außerhalb der Stadt lag.

Kaum hatten die Leute erfahren, daß er in jener Kirche weilte, zogen sie herbei. Der Weinberg ringsum, der dem Priester der Kirche gehörte, wurde ganz verwüstet. Die Ernte war vernichtet. Der Priester ergrimmte in seinem Herzen über diesen Schaden, und es reute ihn, dem seligen Vater Franziskus den Zutritt zur Kirche gestattet zu haben.

Seine Gedanken blieben aber dem gotterfüllten Geist des Heiligen Franziskus nicht verborgen; er ließ ihn zu sich rufen und sagte ihm: «Mein lieber Vater, wie viele Bütten Wein gewinnst du aus diesem Rebberg in einem guten Weinjahr?»

«Zwölf Bütten!» antwortete der Priester, und Franziskus fuhr fort:

«Ich bitte dich, Vater, um Geduld. Laß mich noch einige Tage hier verweilen, denn die Ruhe hier ist angenehm. Wenn die Leute von deinen Trauben pflücken, laß sie um der Liebe Gottes und um meiner, seines Armen, willen nehmen, soviel sie mögen. Dafür verspreche ich dir im Namen meines Herrn Jesus Christus, daß die Reben dir von nun an jedes Jahr zwanzig Bütten Wein tragen werden!»

Franziskus gab dieses Versprechen, um an jener Stätte bleiben zu können, denn er sah, daß sich unter dem ständig herbeiströmenden Volk eine große Seelenernte gewinnen ließ. So gingen denn auch viele trunken von der göttlichen Liebe von dannen und entsagten aus Sehnsucht nach dem Reiche Gottes der Eitelkeit der Welt.

Der Priester hatte Vertrauen zu den Worten des Heiligen Franziskus und ließ seine Besucher großzügig Trauben aus dem

Weinberg pflücken. Und das Wunderbare geschah: Obwohl der Weinberg ganz zertreten, verwüstet und abgeerntet war, so daß der Priester am Tag seiner Weinlese nur noch einige unansehnliche Beeren einsammeln konnte, flossen doch aus der Kelter, in der er sie preßte, zwanzig Bütten besten Weines.

Dieses Wunder will offenkundig dartun: Wie durch die Kraft des Heiligen Franziskus ein seiner Trauben beraubter Weinberg eine ungeahnte Menge guten Weines lieferte, so erwirkte der Heilige durch sein Verdienst und seine Predigt in der Christenheit, die durch ihre Sünden für das Reich Gottes unfruchtbar geworden, Wandlung und neues Leben.

DIE RAUHE KUTTE

20 Ein Jüngling adliger Abstammung und zarten Wesens trat in die franziskanische Brüderschaft ein. Aber, nach einigen Tagen, aufgereizt durch den bösen Dämon, überkam ihn eine solche Abneigung gegen die Kutte, die er trug, wie sie größer nicht hätte sein können, wenn er mit dem schmutzigsten Sack bekleidet gewesen wäre. Ihn schauderte vor den Ärmeln, und er verabscheute die Kapuze; unerträglich schien ihm die Länge des Gewandes und die Rauheit des Stoffes. Sein Widerwille gegen dieses Bußleben nahm so zu, daß er beschloß, die Kutte auszuziehen und in die Welt zurückzukehren.

In der kurzen Zeit, da er in der Brüderschaft weilte, hatte er sich aber bereits, aufgrund der Belehrung durch seinen Vorgesetzten, angewöhnt, jedesmal, wenn er am Hochaltar der Kirche vorüberging, wo in Hostiengestalt der Leib Christi aufbewahrt wurde, voller Andacht niederzuknien, die Kapuze zurückzustreifen und sich mit gekreuzten Armen zu verbeugen.

Bei Einbruch jener Nacht, da er zu fliehen gedachte, führte ihn sein Weg wieder am Hochaltar vorbei. Wie gewohnt kniete er nieder und verbeugte sich. In diesem Augenblick kam eine Verzückung über ihn, und Gott gab ihm ein wunderbares Gesicht:

Er sah eine unendliche Schar von Heiligen, die sich je zwei zu zwei in einem feierlichen Umzug ordneten. Ihre Kleidung bestand aus verschwenderisch kostbaren Seidengewändern, ihr Antlitz und ihre Hände glänzten wie die Sonne, und begleitet von Gesang und Engelsmusik setzte sich der Zug in Bewegung. Zwei unter den Heiligen waren noch reicher gekleidet und noch edler geschmückt als alle übrigen; und sie waren von solch wunderbarer Klarheit umstrahlt, daß, wer immer sie anschaute, von unsagbarem Entzücken ergriffen wurde. Am Ende des Zuges nun erblickte er eine Gestalt, deren Herrlichkeit alle noch übertraf: Es schien, als hätte dieser Jüngling soeben den Ritterschlag erhalten und der Ehrenzug gelte seiner neuen Würde.

In seinem Staunen wußte der junge Bruder, der dieser Erscheinung gewürdigt wurde, nicht, was dieser Aufzug bedeuten solle. Er getraute sich auch nicht, eine der himmlischen Gestalten danach zu fragen, und war ganz benommen von der Süße des Wunders.

Als der Zug bereits entschwand, faßte er doch Mut, lief ihm nach und wandte sich mit großer Scheu an die letzten:

«Liebste Herren, ich bitte euch, tut mir den Gefallen und sagt mir, wer sind diese wundersamen Gestalten, die in diesem feierlichen Zug einherschreiten?»

Darauf antwortete ihm einer:

«Wisse, lieber Sohn, daß wir alle Mindere Brüder sind, die eben aus der Herrlichkeit des Paradieses kommen.»

Der Jüngling fragte weiter:

«Wer aber sind die zwei, die noch viel glänzender erscheinen als alle übrigen?»

Er bekam zur Antwort:

«Der Heilige Franziskus und der Heilige Antonius! Und jener am Schluß des Zuges, dem alle Ehren galten, ist ein heiliger Bruder, der jüngst verstarb. Da er gegen alle Versuchungen tapfer gefochten und bis ans Ende ausharrte, führen wir ihn im Triumphzug zum Tor des Paradieses. Die glänzenden Seidengewänder, die wir tragen, sind uns von Gott gegen jene rauhen Kutten ausgewechselt worden, mit denen wir uns auf Er-

58

den begnügten. Und die lichte Klarheit, die unser Wesen umgibt, ist uns von Gott verliehen worden, weil wir geduldig in Erniedrigung gelebt und dem Gelübde der heiligen Armut und der Reinheit bis ans Ende treu blieben. Darum soll es dich, lieber Sohn, nicht hart ankommen, die rauhe Kutte eines Ordens zu tragen, dem solcher Lohn zuteil wird. Wenn du um der Liebe Christi willen im rauhen Kleid des Heiligen Franziskus die Welt überwindest, dein Fleisch kreuzigest und gegen deinen Dämon ankämpfst, so wird auch dir einst das Gewand des ewigen Glanzes und der lichten Herrlichkeit geschenkt werden.»

Nachdem er diese Worte vernommen, schwand das Gesicht, und der Jüngling erwachte aus seiner Verzückung. In seiner neugewonnenen Kraft trat er der Versuchung entgegen und bekannte seine Schuld vor dem Guardian und vor den Brüdern.

Die Härte seines Lebens und die Rauheit seines Gewandes ertrug er voll innerer Zustimmung, und in großer Heiligkeit lebte und starb er im Orden.

DIE VERSÖHNUNG DES GRIMMIGEN WOLFES

21 Zur Zeit, als der Heilige Franziskus in der Stadt Gubbio weilte, verbreitete ein großer, grimmiger Wolf Schrecken in der ganzen Gegend: Er verschlang nicht nur Tiere, sondern fiel auch Menschen an und dehnte seine Raubzüge ohne Scheu bis vor die Stadtmauern aus, so daß sich jeder, der die Stadt verließ, bewaffnen mußte, als ob er in den Krieg zöge. Trotzdem gelang es keinem, der ihm allein begegnete, sich seiner zu erwehren, weshalb es soweit kam, daß aus Furcht vor dem Wolf niemand mehr wagte, die Stadt zu verlassen.

Mitleid rührte das Herz des Heiligen Franziskus, als er die allgemeine Furcht sah, und so beschloß er, diesem Wolf entgegenzutreten, obwohl die Leute von Gubbio ihm davon abrieten.

Er setzte sein ganzes Vertrauen auf Gott, machte das heilige

Kreuzzeichen und verließ, von einigen Gefährten begleitet, die schützenden Mauern der Stadt. Doch bald übermannte Furcht seine Begleiter, und sie rieten zur Umkehr. Bruder Franziskus setzte deshalb allein seinen Weg fort, dorthin, wo der Wolf sich herumtrieb.

Und siehe: Die vielen Männer und Frauen aus der Stadt, die dem Heiligen gefolgt waren, konnten aus der Ferne zuschauen, wie der Wolf mit offenem Rachen auf Franziskus zurannte. Als das Untier ihm schon nahegekommen war, begrüßte und bannte er es mit dem Zeichen des heiligen Kreuzes und rief ihm freundlich zu:

«Komm näher, Bruder Wolf! Im Namen Christi befehle ich dir, weder mir noch jemand anderem etwas Böses anzutun!»

Und welch ein Wunder! Kaum hatte der Heilige Franziskus das Kreuzzeichen gemacht, hielt das furchterregende Tier im Lauf inne, schloß seinen Rachen und kam, wie ihm geboten, heran, um sich sanft wie ein Lamm ruhig vor den Füßen des Heiligen hinzulegen.

Franziskus blickte auf den Wolf herab und sprach zu ihm:

«Bruder Wolf, du hast in diesem Lande viel Schaden angerichtet und große Missetaten verübt. Eigenmächtig und freventlich hast du dich an der Schöpfung Gottes vergangen und sie vernichtet. Nicht nur Tiere hast du angefallen und zerrissen; auch bist du nicht davor zurückgeschreckt, Menschen, die Gott nach seinem Ebenbilde erschaffen, zu töten. Deswegen hast du wie gemeine Mörder den Galgen verdient. Jedermann verwünscht dich und grollt dir, und alle in diesem Lande sind dir feind. Aber, Bruder Wolf, ich will Frieden stiften zwischen ihnen und dir: Keine Übeltat und kein Leid wirst du ihnen ferner zufügen, sie aber werden dir deine bisherigen Untaten vergeben, und weder Menschen noch Hunde werden dir zukünftig nachstellen!»

Auf diese Worte hin gab der Wolf mit Gebärden und Bewegungen, mit dem Wedeln seines Schwanzes, dem Blinzeln seiner Augen und dem Verneigen seines Kopfes kund, die Vorschläge des Heiligen Franziskus anzunehmen und halten zu wollen.

Nachdem das Tier so gut, wie es vermochte, seine Zustimmung gegeben, fuhr Franziskus fort:

«Bruder Wolf, da es dein offenkundiger Vorsatz ist, auf diesen Frieden einzugehen und ihn nicht mehr zu brechen, verspreche ich dir, dafür zu sorgen, daß die Leute dieser Stadt zeit deines Lebens für deinen Unterhalt aufkommen werden und du nie mehr Hunger zu leiden brauchst. Denn ich weiß wohl, daß der Hunger dich zu all dem Bösen trieb. Da ich nun, mein Bruder Wolf, dir diese Gunst verschaffe, mußt du mir versprechen, niemals mehr einem Menschen oder einem Tier ein Leid zuzufügen. Versprichst du mir dies?»

Durch Verneigen seines Kopfes gab der Wolf ein sinnfälliges Zeichen seiner Zustimmung, worauf Franziskus weiter mit ihm unterhandelte:

«Bruder Wolf, ich möchte, daß du mir durch einen Treueschwur diese Abmachung bekräftigst, damit ich mich darauf verlassen kann!»

Mit diesen Worten streckte der Heilige Franziskus die Hand aus, um sein Treuepfand entgegenzunehmen. Der Wolf hob seine rechte Pfote und legte sie zutraulich in die Hand des Heiligen, um auf diese ihm entsprechende Weise den Vertrag zu beschwören.

Darauf sagte Franziskus:

«Nun, Bruder Wolf, befehle ich dir im Namen Jesu Christi, ohne Furcht und ohne Zögern mit mir zu kommen, damit wir ungesäumt diesen Frieden im Namen Gottes ins Werk setzen!»

Zutraulich und sanft wie ein Lamm trottete der Wolf gehorsam neben ihm her, so daß alle Leute, die dieses Paares ansichtig wurden, in höchstes Erstaunen gerieten.

Wie ein Lauffeuer verbreitete sich das Vorkommnis durch die ganze Stadt. Männer und Frauen, groß und klein, junge und alte, alles eilte auf den Marktplatz, um den Wolf und den Heiligen Franziskus zu sehen.

Wie nun all das Volk neugierig beisammen stand, ergriff Franziskus die Gelegenheit, ihnen predigend ins Herz zu reden. Unter anderem erklärte er ihnen, wie Gott der Sünden wegen solche Heimsuchungen und Plagen zulasse und wieviel schreck-

licher für die Verdammten die ewig zehrenden Höllenflammen
seien als der Grimm des Wolfes, der nur den Körper in Todesge-
fahr bringe. Wenn schon der Rachen eines kleinen Tieres eine
ganze Stadt in Angst und Schrecken versetze, um wieviel mehr
sei da der Höllenschlund zu fürchten:

«Kehrt doch um zu Gott, meine Lieben, und tut wahre Buße
für eure Sünden, damit Gott euch in diesem Leben vom Wolfe,
im zukünftigen aber vom ewigen Feuer erlöse!»

Der Schluß seiner Predigt lautete:

«Und nun, meine geliebten Brüder, vernehmt: Dieser Bruder
Wolf, der vor euch steht, hat mir versprochen und geschworen,
mit euch Frieden zu schließen und euch nie mehr Unbill zuzufügen. Ihr aber müßt versprechen, ihm jeden Tag das, was er nötig
hat, zu geben. Ich verbürge mich, daß er den Friedensvertrag getreulich halten wird!»

Einmütig versprach das ganze Volk, für seinen Unterhalt zu
sorgen, worauf Franziskus sich an den Wolf wandte:

«Und du, Bruder Wolf, versprichst du diesen da, den Frieden
zu halten und niemandem ein Leid zuzufügen, weder Menschen
noch Tieren, noch sonst einer Kreatur?»

Der Wolf ließ sich auf die Knie nieder, senkte den Kopf und
gab mit seinen Gebärden, mit seinem Schwanz und seinen Ohren, so gut er nur konnte, zu verstehen, daß er jegliche Abmachung halten wolle.

Franziskus sprach weiter:

«Bruder Wolf, ich wünsche, daß du deinen Treueschwur, den
du mir draußen vor dem Tor gabst, hier vor dem ganzen Volk
wiederholst, damit du mich nicht in Schande bringst, weil ich
für dich eingestanden bin und für dich Bürgschaft geleistet habe!»

Sofort erhob der Wolf seine rechte Pfote und legte sie in die
Hand des Heiligen Franziskus.

Dies und der oben bereits geschilderte Vorgang lösten im
ganzen Volke große Freude aus, und alle bestaunten die Gottinnigkeit des Heiligen, das Niegehörte einer solchen Wundertat
und die Befriedung des Wolfes. Laute Rufe erschallten zum Himmel, und alle lobten und priesen Gott, weil er ihnen den

Heiligen Franziskus gesandt hatte, auf daß er sie kraft seiner
Heiligkeit vor dem drohenden Rachen des grausamen Tieres
bewahre.

Hernach lebte der Wolf noch zwei Jahre lang in Gubbio.
Lammfromm wanderte er von Tür zu Tür und begab sich in die
Häuser, ohne jemandem ein Leid zu tun oder es an sich zu erfahren. Freundlich wurde er von den Leuten gefüttert, und niemals
bellte ein Hund hinter ihm her, wenn er durch die Gassen und
die Häuser streifte.

Zwei Jahre lang dauerte dieser Friede, und dann starb Bruder
Wolf an Altersschwäche. Sein Tod betrübte alle sehr, denn jedesmal wenn er so friedlich durch die Stadt flanierte, erinnerte er
sie an die Seelengröße und Heiligkeit des seligen Vaters Franziskus.

DIE SANFTEN TAUBEN

22 Als einst ein Jüngling viele Turteltauben, die er im Wald
gefangen hatte, zum Markt trug, begegnete ihm der Heilige Franziskus, der stets für diese sanftmütigen Tiere eine besonders innige Liebe hegte; sein mitleidiges Auge blieb auf den
Tauben ruhen, und er redete den Jüngling an:

«Mein guter Junge, ich bitte dich, mir diese Tiere zu schenken, damit diese sanftmütigen Geschöpfe, die in der Heiligen
Schrift mit den demütig-keuschen und treuen Seelen verglichen
werden, nicht in die Hände grausamer Menschen fallen, die sie
töten.»

Ohne lang zu zögern, als ob Gott ihn dazu triebe, übergab der
Jüngling die Tiere dem seligen Vater Franziskus, der sie auf seinen Schoß nahm und in süßen Worten zu ihnen sprach:

«O meine Schwestern, ihr einfältigen, ihr unschuldigen und
keuschen Tauben, warum laßt ihr euch einfangen? Aber ich will
euch vor dem Tod erretten und euch Nester bauen, damit ihr
fruchtbar werdet und euch vermehrt, wie es unser Schöpfer ge-
bietet.»

63

Und der Heilige Franziskus ging hin und bereitete den Tauben Unterschlupf und Nester. Dort blieben sie, begannen sich zu paaren und verrichteten, behütet von den Brüdern, ihr Brutgeschäft und wurden ganz zahm und zutraulich wie Hühner, als hätten sie der selige Vater Franziskus und seine Brüder von klein an aufgefüttert. Nie folgen sie weg, es sei denn, der Heilige Franziskus gab ihnen seinen Segen und seine Erlaubnis dazu.

Zum Jüngling aber, der ihm diese Tiere geschenkt hatte, sagte der selige Franziskus:

«Mein Sohn, du wirst einst Bruder unserer Gemeinschaft werden und als Begnadeter dem Herrn Jesus Christus dienen.»

So geschah es auch. Jener Jüngling trat in die Brüderschaft ein und lebte ein gotterfülltes Leben.

DIE BELAGERUNG VON PORZIUNCOLA

23 Als einst der Heilige Franziskus in Porziuncola ins Gebet vertieft war, überkam ihn ein Gesicht, und er sah, wie ein Dämonenheer den Ort umzingelte und belagerte. Doch die Dämonen vermochten nicht in Porziuncola einzudringen, denn die Brüder waren so gotterfüllt, daß jene bei keinem von ihnen Zugang fanden. Hartnäckig aber setzten sie ihre Belagerung fort.

Da ärgerte sich eines Tages ein Bruder über seinen Mitbruder und erwog in seinem Herzen, wie er ihn verklagen und sich so an ihm rächen könne.

Derweil jener solch böse Gedanken hegte, fand der Dämon eine offene Tür, durch die er hineinschleichen und sich des widerstandslosen Bruders bemächtigen konnte.

Sobald der immerwache und treubesorgte Hirte Vater Franziskus in seiner mitfühlenden Seele spürte, daß der Wolf in die Hürde gedrungen, um eines seiner Lämmer zu zerreißen, ließ er ohne Zögern jenen Bruder zu sich rufen und befahl ihm, das Gift des gegen seinen Mitbruder angesammelten Hasses, das ihn

64

in die Gewalt des bösen Feindes gegeben hatte, augenblicklich
auszuspucken.

Schrecken überkam den Bruder, als er sich derart vom seligen
Vater durchschaut sah; er spie das Gift seines Hasses aus, bekannte seine Schuld und bat demütig um barmherzige Buße.

Als er von seiner Sünde losgesprochen war und seine Buße erhalten hatte, sah der Heilige Franziskus, wie der Dämon aus
dem Bruder fuhr.

Nachdem er Gott gedankt hatte, der ihn durch die Fürsorge
des guten Hirten den Krallen des grausamen Tieres entrissen
hatte, kehrte der Bruder geläutert und gebessert zur Herde des
seligen Vaters zurück und blieb bis an sein Lebensende innig
mit Gott verbunden.

DIE BEKEHRUNG DES SULTANS VON BABYLON

24 Getrieben vom Glaubenseifer und von brennender Sehnsucht nach dem Martyrium, fuhr der Heilige Franziskus
[im Jahre 1219] mit zwölf seiner gotterfüllten Gefährten übers
Meer, um sich auf dem kürzesten Weg zum Sultan von Babylon
zu begeben. Sie gelangten glücklich bis ins Sarazenenland. Dort
aber wurden die Wege von so grausamen Männern überwacht,
daß kein Reisender, der dort vorbeiziehen wollte, ihnen entgehen und dem sicheren Tode entfliehen konnte.

Gott aber wollte nicht, daß sie getötet, sondern gefangenge-
nommen, ausgepeitscht und sodann dem Sultan vorgeführt wurden. Wie sie nun vor ihm standen, begann der Heilige Franziskus unter Eingebung des Heiligen Geistes mit hinreißenden
Worten vom Glauben an Jesus Christus zu predigen und erklärte sich bereit, für diesen Glauben durchs Feuer zu gehen. Der
Sultan faßte ob solcher Glaubensstärke und Weltüberwindung –
denn trotz seiner Armut hatte sich Franziskus geweigert, ein an-
gebotenes Geschenk entgegenzunehmen – und der offensichtli-
chen Sehnsucht nach Martyrium Zuneigung und Bewunderung
für ihn. Deshalb hörte er den Reden des Heiligen Franziskus

weiterhin mit Freuden zu und bat ihn, recht oft an seinem Hofe zu erscheinen. Großzügig gestattete er auch ihm und seinen Gefährten, in den sarazenischen Ländern zu predigen, wo immer es ihnen beliebe, und übergab ihnen einen Schutzbrief, der sie vor jeglicher Nachstellung bewahrte.

Nachdem Franziskus diese hochherzige Ermächtigung erhalten hatte, sandte er seine Gefährten je zwei zu zwei in die verschiedenen Gegenden des Sultanreiches aus, den Glauben an Christus zu verkünden.

Auch er selbst wählte für sich einen bestimmten Landstrich. Als er sich dorthin begab, führte ihn der Weg an einer Herberge vorbei, wo er zu übernachten gedachte.

In dieser Herberge hielt sich ein Weib auf, blendend schön von Gestalt, aber schmutzig in der Seele und so ruchlos, den Heiligen Franziskus zur Sünde verleiten zu wollen. Dieser ging auf sie ein und sagte:

«Ich bin bereit, laß uns zu Bette gehen!»

Sie wollte ihn in ihre Kammer führen, aber der Heilige Franziskus wehrte ab: «Komm du lieber mit mir, ich werde dich zu einem herrlich zugerüsteten Prunkbett geleiten!»

Er ging ihr voran zum großen Kaminfeuer des Hauses. Im reinen Eifer seiner Seele zog er sich nackt aus und legte sich in das glühende Feuer hinein. Er forderte sie auf, sie möge sich entkleiden und beeilen, dieses prächtige Lager mit ihm zu teilen. Heiteren Anlitzes, ohne sich zu versengen oder zu verbrennen, blieb der Heilige Franziskus eine geraume Weile in den Flammen liegen.

Beim Anblick dieses Wunders wurde die Seele der Frau erschüttert. Sie empfand Scham in ihrem Herzen und bereute nicht nur ihre Sünde und die Bosheit ihres beabsichtigten Tuns, sondern bekehrte sich vollkommen zum Glauben an Christus. Ihr Leben wurde so gottinnig, daß in ihrem Land durch sie viele Seelen den Weg des Heils fanden.

Als der Heilige Franziskus sah, daß im Sarazenenland keine weitere Ernte mehr an Seelen einzuholen war, beschloß er auf göttliche Eingebung hin, in die Christenheit zurückzukehren. Er rief

66

all seine Gefährten zusammen und begab sich zum Sultan, um sich von ihm zu verabschieden. Bei dieser Gelegenheit sagte der Sultan zu ihm:

«Bruder Franziskus, ich möchte mich gerne zum Glauben an Christus bekehren, aber ich fürchte mich, es jetzt zu tun, denn wenn meine Leute dies erführen, würden sie mich und dich und all deine Gefährten töten. Du kannst noch viel Gutes wirken, und auch ich habe noch gewisse Dinge von großer Wichtigkeit zu erledigen, so daß ich jetzt nicht meinen und deinen Tod beschwören will. Doch sag mir, wie kann ich mein Heil finden? Ich bin bereit zu tun, was immer du mir rätst!»

Der Heilige Franziskus gab ihm zur Antwort:

«Herr, ich gehe jetzt fort. Aber wenn ich nach meiner Rückkehr in mein Heimatland diese Welt verlasse und durch die Gnade Gottes in den Himmel eingegangen sein werde, schicke ich dir in Übereinstimmung mit dem Willen Gottes zwei meiner Brüder, die dir die heilige Christentaufe spenden sollen. Dann wirst du gerettet sein. So hat es mir mein Herr Jesus Christus geoffenbart. Unterdessen mache dich frei von jedem Hindernis, damit dich die Gnade Gottes bereit findet zu Glaube und Hingabe.»

Der Sultan versprach, so zu handeln, und hielt sein Wort.

Einige Jahre vergingen, bis der Heilige Franziskus durch seinen leiblichen Tod seine Seele Gott zurückgab.

Der Sultan war indessen schon dem Siechtum verfallen. Er wartete auf die Erfüllung des Bruder Franziskus gemachten Versprechens und ließ auf seinen Landstraßen Wachen aufstellen, die den Befehl hatten, auf zwei Brüder im Kleide des Heiligen Franziskus zu warten und sie sofort zum Sultan zu geleiten.

Zu dieser Zeit erschien der Heilige Franziskus zweien seiner Brüder und gebot ihnen, sich ohne Säumen zum Sultan aufzumachen und ihm das Heil zu bringen, wie er es ihm versprochen habe. Die Brüder brachen sofort auf, fuhren über das Meer und wurden von den Wachen zum Sultan geführt. Als dieser sie erblickte, füllte sich seine Seele mit Freude, und er sprach:

«Jetzt bin ich wahrhaft überzeugt, daß Gott mir seine Diener um meines Heiles willen gesandt hat, wie es mir der Heilige Franziskus auf göttliche Offenbarung hin versprochen hat.»

Die Brüder unterwiesen ihn im Glauben an Christus und spendeten ihm die heilige Taufe. Und als er, neugeboren in Christus, an seiner Krankheit starb, wurde seine Seele gerettet kraft der Verdienste und der Fürbitte des seligen Vaters Franziskus.

DIE HEILUNG DES AUSSÄTZIGEN

25 Der wahrhaftige Jünger Christi, der Herr Heilige Franziskus, bemühte sich, solange er in diesem armseligen Erdental weilte, mit all seinen Kräften, Christus, dem vollkommenen Meister, nachzueifern.

Um dieser Ähnlichkeit mit Christus willen geschah es durch göttliche Fügung zu vielen Malen, daß bei vielen, deren Körper er heilte, Gott zur selbigen Stunde auch die Seele gesund machte, wie wir es in der Heiligen Schrift von Christus lesen.

Darum pflegte nicht nur er selbst gern Aussätzige, sondern hatte überdies seinen Brüdern befohlen, wo immer in der Welt sie seien, sich der Aussätzigen anzunehmen, um der Liebe Christi willen, der ja selber in unseren Augen als ein Aussätziger gelten will. Eines Tages spielte sich folgendes Ereignis ab:

Im Siechenhaus eines Städtchens, in dessen Nähe sich Franziskus aufhielt, pflegten die Brüder Aussätzige und Kranke. Unter diesen befand sich ein vom Aussatz Befallener, der so ungeduldig, so unverträglich und anmaßend war, daß jedermann glaubte, er sei vom Dämon besessen – was auch in Wahrheit der Fall war. Darum überhäufte er jeden, der ihn pflegte, mit schändlichen Schimpfworten und Schlägen und, was noch schlimmer war, unflätig lästerte er Christus, den Gebenedeiten, und dessen heilige Mutter, die Jungfrau Maria, so daß sich niemand mehr fand, der ihn pflegen wollte noch konnte. Obwohl die Brüder, die Tugend der Geduld zu üben, die ihnen zugedachten Beschimpfungen und Schmähungen demütig zu ertragen versuchten, ließen ihnen die gegen Christus und die Gottesmutter ausgestoßenen Schmähungen keine Gewissensruhe, so daß sie sich mit dem Gedanken trugen, diesen Kranken ganz sich selbst zu überlassen. Doch wollten sie dies nicht tun, bevor sie Vater Franziskus, der ja in der Nähe weilte, geziemenderweise davon unterrichtet hätten.

Als sie ihm die Umstände geschildert hatten, begab er sich selbst zu dem verruchten Kranken, trat an sein Lager und grüßte ihn mit den Worten:

«Gott gebe dir den Frieden, mein geliebter Bruder!»

«Welchen Frieden kann ich von einem Gott erwarten, der mir den Frieden und jede Freude des Lebens genommen hat und mich hier als stinkendes Aas verfaulen läßt?» antwortete der Aussätzige. Franziskus aber entgegnete ihm:

«Fasse dich, mein Sohn! Zum Heil und zur Rettung der Seelen hat Gott die Krankheiten in dieser Welt zugelassen. Wenn wir sie ergeben und geduldig ertragen, sind sie ein unzerstörbarer Gewinn.»

Der Kranke sagte darauf:

«Wie soll ich geduldig die dauernden Schmerzen ertragen, die mich Tag und Nacht quälen? Und nicht nur an der Krankheit leide ich, Schlimmeres fügen mir die Brüder zu, die du zu meiner Pflege geschickt hast und die mich nicht so betreuen, wie sie müßten.»

Franziskus erkannte, daß dieser Aussätzige vom bösen Geist besessen war. Darum verließ er ihn, um im Gebet bei Gott für ihn inständig Fürbitte einzulegen.

Nachdem er sein Gebet beendet hatte, kehrte er zu dem Kranken zurück und eröffnete ihm:

«Mein Sohn, ich selbst will dich nun pflegen, da du mit den andern nicht zufrieden warst.»

«Also gut!» sagte der Kranke und fuhr fort: «Aber was wirst du schon mehr tun können als deine Vorgänger?»

Franziskus antwortete:

«Was immer du willst, werde ich gern für dich tun!»

Da sagte der Aussätzige:

«Ich möchte, daß du mich von Kopf bis Fuß wäschst, denn ich stinke so sehr, daß ich mich selbst nicht mehr ausstehen kann!»

Sofort ließ Franziskus Wasser erwärmen, dem viele wohlriechende Kräuter zugesetzt wurden. Als es soweit war, entkleidete er den Kranken und begann ihn mit eigenen Händen zu waschen, während ein anderer Bruder Wasser über die Wunden goß. Überall wo Franziskus den Leib des Kranken mit seinen heiligen Händen berührte, schwand durch göttliches Wunder der Aussatz, und völlig geheiltes Fleisch wurde sichtbar.

Mit der Heilung des Leibes setzte auch die Heilung der Seele ein: Als der Aussätzige gewahr wurde, daß seine Krankheit von ihm abfiel, regte sich in ihm Reue und Zerknirschtheit über seine Sünden, und er fing bitterlich zu weinen an. Während der Körper durch Waschen vom Aussatz gereinigt wurde, entledigte sich in seinem Innern die Seele durch Reue ihrer Sünden.

Nachdem er an Leib und Seele vollkommen geheilt war, bekannte er demütig seine Schuld, und unter Tränen stieß er die Worte aus:

«Weh mir ob der Schändlichkeiten und Beleidigungen, die ich den Brüdern zugefügt! Weh mir, ich habe mich zum Lästerer und Empörer gegen Gott aufgeworfen! Weh mir, denn ich habe die Hölle verdient!»

Zwei Wochen lang vergoß er bittere Reuetränen über seine Sünden, und durch eine rückhaltlose Beichte, die er vor einem Priester ablegte, wandte er sich zu Gott um Barmherzigkeit.

Betend dankte der Heilige Franziskus dem Himmel für das doppelte Wunder, das Gott durch ihn und seiner Hände Werk zugelassen hatte, und in seiner Demut ging er von dannen und zog in eine entfernte Landesgegend. Er wollte dem ruhmseligen Gerede der Welt entfliehen; denn in all seinem Wirken suchte er einzig die Ehre und den Ruhm Gottes, nicht aber seinen eigenen.

Es gefiel der Vorsehung Gottes, daß jener an Leib und Seele vom Aussatz Geheilte nach seinen zwei Bußwochen von einer andern Krankheit befallen wurde; gestärkt mit den Sakramenten der Kirche starb er eines heiligmäßigen Todes.

Zur Stunde, da seine Seele ihren Weg ins Paradies antrat, weilte der Heilige Franziskus andachtversunken in der Einsamkeit eines Waldes. Da sah er die Seele des Verstorbenen verklärt in den Lüften schweben, und sie rief ihm zu:

«Erkennst du mich? Ich bin der Aussätzige, den der hochgesegnete Herr Jesus Christus durch deine Verdienste heilte, und heute gehe ich ein ins ewige Leben. Dies danke ich der Gnade Gottes und deinem Wirken! Hochgelobt sei deine Seele und dein Leib, hochgelobt seien deine gotterfüllten Worte und Werke, denn auf Erden werden viele Seelen durch dich ihr Heil finden. Und wisse: Kein Erdentag verrinnt, ohne daß die heiligen Engel und alle Seligen des Himmels Gott für die Seelen danken, um die du und deine Brüder in allen Teilen der Welt für das Reich Gottes werbt. Darum sei hochgemut und danke Gott, dessen Segen dich ständig begleiten möge!»

Mit diesen Worten ging seine Seele in die ewige Seligkeit ein, und Freude, Glück und Herzenstrost erfüllten den Heiligen Franziskus.

DIE LEGENDE VON DEN DREI RÄUBERN
UND VOM PILGERWEG DES LEBENS

26 Der selige Vater Franziskus durchwanderte einmal die öde und wilde Gegend von Borgo San Sepolcro [zu deutsch Vorstadt des Heiligen Grabes] und gelangte zu dem auf einer Höhe gelegenen, befestigten Ort Monte Casale. Dort trat ein edel und zart aussehender junger Mann auf ihn zu und redete ihn an:

71

«Ehrwürdiger Vater, ich möchte liebend gern unter deine Brüder aufgenommen werden!»

Franziskus antwortete ihm:

«Mein Sohn, du bist jung, stammst aus vornehmen Hause [der Tarlati], und dein Wesen kennt noch keine Härte. Darum würdest du die strenge Armut und die rauhe Unerbittlichkeit unseres Lebens auf die Dauer nicht ertragen können.»

Doch der Jüngling entgegnete:

«Ehrwürdiger Vater, seid ihr nicht Mensch wie ich? Was ihr auf euch genommen habt, werde ich mit Hilfe der Gnade Christi auch leisten können!»

Der Heilige Franziskus fand großes Gefallen an dieser Antwort; segnete ihn, nahm ihn auf der Stelle in die Brüderschaft auf und gab ihm den Namen Bruder Angelo.

Der junge Bruder führte ein von der Gnade gesegnetes Leben, so daß der Heilige Franziskus ihn schon nach kurzer Zeit zum Guardian der Niederlassung in Monte Casale ernannte.

Zu dieser Zeit machten drei berüchtigte Räuber die dortige Gegend unsicher und verübten viele Untaten. Eines Tages kamen sie vor die Behausung der Brüder und forderten den Guardian Bruder Angelo auf, er möge ihnen zu essen geben; dieser aber fertigte sie barsch ab:

«Schämt ihr verwegenen Räuber euch nicht, fremden Menschen mit Gewalt, Mord und Totschlag die Früchte ihrer mühseligen Arbeit zu entreißen? Und jetzt wollt ihr in eurer Unverschämtheit und Frechheit auch noch die Almosen verschlingen, die eine mildtätige Barmherzigkeit den Knechten Gottes geschenkt hat! Es ist eine Schande, daß die Erde euch trägt! Im Menschen verachtet ihr Gott, der euch erschuf. Macht, daß ihr fortkommt! Eure Missetaten stinken zum Himmel! Wagt nicht, mir je wieder unter die Augen zu kommen!»

Die Räuber verstanden diese Sprache und zogen wutentbrannt, aber unverrichteter Dinge ab.

Kaum waren sie fort, kehrte der Heilige Franziskus mit seinem Gefährten von einem Bettelgang zurück: Eine Tasche voll

Brot und ein Kännchen Wein waren die Gaben, die sie mitbrachten. Der Guardian berichtete nun, wie er die Räuber abgewiesen. Aber der Heilige Franziskus tadelte ihn heftig wegen seiner Herzlosigkeit und belehrte ihn:

«Die Sünder werden eher mit Sanftmut zu Gott zurückgeführt als mit rücksichtslosen Vorhaltungen. Darum hat auch unser Lehrmeister Jesus Christus, dessen Evangelium zu befolgen wir versprochen haben, gesagt, daß nicht die Gesunden, sondern die Kranken des Arztes bedürfen, und daß er nicht in die Welt gekommen sei, die Gerechten, sondern die Sünder für das Reich Gottes zu gewinnen. Hat er sich doch mit diesen immer wieder an den Tisch gesetzt und sie sich zu Freunden gemacht. Du aber hast die sündebeladenen Räuber verjagt und dadurch gegen die Liebe und gegen das Wort des Evangeliums gehandelt. Deshalb befehle ich dir im Namen des heiligen Gehorsams, sofort mit dem Brot und dem Wein, die mir als Almosen gereicht wurden, den dreien nachzulaufen, über Hügel und Täler, bis du sie gefunden hast, um ihnen in meinem Namen diese Gaben zu übergeben. Demütig wirst du vor ihnen niederknien und ihnen die Sünde deiner Hartherzigkeit bekennen. In meinem Namen wirst du sie bitten, vom Bösen abzulassen, Gott zu lieben und ihn nicht mehr zu beleidigen. Wenn sie sich bessern, so verspreche ich ihnen, künftig für ihre leiblichen Bedürfnisse zu sorgen und sie mit Speise und Trank zu versehen. Sobald du diesen Auftrag ausgeführt hast, kommst du mit demütiger Seele hierher zurück.»

Während sich der Guardian auf den Weg machte, die Befehle des Heiligen Franziskus auszuführen, versenkte sich dieser ins Gebet und flehte zu Gott, er möge die Herzen jener Räuber erweichen und sie Einkehr mit sich halten lassen.

Als der gehorsame Guardian die Räuber eingeholt hatte, übergab er ihnen das Brot und den Wein und tat und sagte, was Vater Franziskus ihm aufgetragen hatte.

Während die drei Räuber das Almosen des Heiligen Franziskus verzehrten, gefiel es Gott, sie durch gegenseitiges Gespräch, einsichtig werden zu lassen:

«Was sind wir für elende und unglückliche Menschen! Der Ausgang unseres Lebens führt in die Hölle! Denn wir haben unsere Mitmenschen nicht nur beraubt, verwundet und niedergeschlagen, sondern auch feig ermordet. Trotz aller Untaten und Verbrechen, deren wir uns schuldig gemacht, fühlen wir keine Gewissensbisse und spotten der Furcht Gottes. Dieser fromme Bruder aber ist uns um weniger harter Worte willen, mit denen er uns und unseren schändlichen Lebenswandel mit Recht bedachte, nachgeeilt, um sich demütig seiner Schuld anzuklagen. Überdies hat er uns noch Brot und Wein gebracht und das großherzige Versprechen des frommen Vaters Franziskus. Wahrhaftig, diese Brüder gehören zum heiligen Reiche Gottes und ihrer ist das Paradies! Wir aber sind Söhne der ewigen Verderbnis und leben jeden Tag unserer Verdammnis entgegen, denn wenn wir unser bisheriges Leben überblicken, können wir wohl kaum noch auf Gottes Barmherzigkeit hoffen.»

Dieser und ähnlichen Reden des einen konnten die beiden andern nur beifügen:

«Gewiß, was du sagst, ist wahr! Aber was sollen wir machen?»

Schließlich schlug einer von ihnen vor:

«Laßt uns zu Vater Franziskus gehen. Wenn er uns sagt, es bestände trotz unserer Verbrechen für uns eine Hoffnung, von Gott Barmherzigkeit zu erlangen, so tun wir alles, was er von uns verlangt, damit wir uns vor Verdammnis und Hölle retten.»

Dieser Vorschlag fand Zustimmung, und einträchtig brachen alle drei auf, um sich unverzüglich zu Vater Franziskus zu begeben, zu dem sie also redeten:

«Vater, wegen der vielen schändlichen Sünden, mit denen wir uns beladen, haben wir uns wohl die Barmherzigkeit Gottes verscherzt. Aber wenn du noch irgendeine Hoffnung siehst, daß Gott sich unser doch erbarmen würde, sind wir bereit, unter deiner Anleitung Buße zu tun!»

Voller Liebe und Güte nahm sie der selige Vater Franziskus auf, behielt sie bei sich und sprach ihnen unter Hinweisen auf viele Beispiele Mut zu, ermunterte sie, unerschütterlich auf Gottes Barmherzigkeit zu vertrauen, um die er sich bei Gott verbürgen wolle, denn – so belehrte er sie – «Gottes Erbarmen ist unendlich. Wenn auch unsere Sünden grenzenlos sind, grenzenloser ist Gottes Barmherzigkeit, sagt das Evangelium, und der Apostel Paulus hat geschrieben, daß der hochgepriesene Herr Jesus Christus in die Welt gekommen ist, die Sünder loszukaufen.»

Solche und ähnliche heilsame Belehrungen fielen auf guten Boden; die drei Räuber gingen in sich, entsagten dem Bösen und all seinen Werken. Der selige Vater Franziskus nahm sie in die Bruderschaft auf, wo sie ein eifriges Bußleben führten. Zwei von ihnen lebten nach ihrer Bekehrung nicht mehr lange, und ihre Seelen gingen ein ins Paradies. Der dritte hingegen lebte fünfzehn Jahr lang ein Leben voller Reue und Buße. Mustergültig fügte er sich in die strenge Ordnung des gemeinsamen Lebens ein. Außer der alle verpflichtenden harten Lebensführung fastete er freiwillig drei Tage in der Woche bei Wasser und Brot, ging immer barfuß, begnügte sich auch bei Winterskälte mit der Kutte als einzigem Kleidungsstück und machte von der Erlaubnis, sich nach dem Frühgebet [das zwischen Mitternacht und Morgengrauen gebetet wurde] nochmals hinzulegen, keinen Gebrauch.

Inzwischen hatte der selige Vater Franziskus von dieser armseligen Erde längst Abschied genommen. Jener Bruder aber führte sein strenges Bußleben beispielhaft weiter.

Eines Morgens jedoch – es war noch dunkel – überkam ihn nach dem Frühgebet ein solches Verlangen nach Schlaf, daß er gegen die Müdigkeit vergebens ankämpfte und nicht wach zu bleiben vermochte, wie dies sonst seiner Übung entsprach. Da ihn schließlich der Schlaf übermannte, so daß er nicht mehr beten konnte, streckte er sich auf seinem Lager aus.

Kaum hatte er sein Haupt niedergelegt, wurde er entrückt und im Geist auf einen hohen Berg geführt. Plötzlich tat sich vor ihm ein gähnender Abgrund auf, voller zerklüfteter und gezackter Felshänge. Der Blick in diese drohende Tiefe machte be-

75

klommen. Ein Engel des Herrn stand unerkannt an seiner Seite, gab ihm einen Stoß und warf ihn die Felsen hinunter. Er stürzte von Klippe zu Klippe und schlug an jedem Felsvorsprung auf. Ganz zerschlagen und zerschunden blieb er schließlich elendiglich in der Tiefe liegen. Aber der Engel, der ihm nachgeeilt war, herrschte ihn an:

«Erhebe dich, denn du hast noch einen weiten Weg vor dir!»

Der Bruder gab zur Antwort:

«Du scheinst so unvernünftig wie grausam zu sein! Du siehst doch, daß durch den Absturz meine Knochen gebrochen sind und ich todwund daliege, und dennoch sagst du mir, ich soll mich erheben.»

Da näherte sich ihm der Engel, berührte ihn, und sogleich waren seine Glieder heil, und die Wunden schlossen sich.

Nun wies der Engel in die Richtung einer großen Ebene, die mit spitzen und scharfkantigen Steinen übersät und von dornigem Gestrüpp überwachsen war, und befahl ihm, barfuß durch diese Einöde zu gehen.

Unter Angst und leidvollen Mühen durchquerte er die Ebene. An ihrem Ende erhob sich ein brennender Schmelzofen, und der Engel hieß ihn hineinsteigen, weil anders der Weg nicht zum Ziele führe.

«Wie mitleidlos du bist», entgegnete der Bruder, «du siehst doch, daß ich von den eben ausgestandenen Schrecken mehr tot als lebendig bin, und nun sagst du mir, ich soll, wohl um mich zu erquicken, in diesen brennenden Ofen steigen.»

Als er den Ofen näher in Augenschein nahm, sah er ihn von Teufeln umringt, die eiserne Gabeln in den Händen hielten. Da er zögerte, wurde er von ihnen, eh' er sich's versah, in den brennenden Ofen geworfen.

Kaum war er im Ofen drinnen und hatte sich ein wenig umgeschaut, erblickte er einen, der ihm zu Gevatter gestanden hatte und nun am ganzen Leibe lichterloh brannte. Er redete ihn an:

«O unglückseliger Gevatter, wie kommst du hierher?»

Und der Gevatter antwortete:

«Geh ein wenig weiter, und du findest mein Weib, deine

Gevatterin, die dir den Grund unserer Verdammnis nennen wird.!»

Nach einigen Schritten erblickte der Bruder seine Gevatterin. Sie stak in einem brennenden Kornmaß, und ihr Körper war aufgelöst in Feuer und Glut. Er näherte sich ihr mit den Worten:

«Du unglückliche und bejammernswerte Gevatterin, wie kamst du zu solch grausamen Qualen?»

Und die Gevatterin gab zur Antwort:

«Zur Zeit der großen Hungersnot, die der Heilige Franziskus vorausgesagt hatte, haben mein Mann und ich Weizen und Hafer verfälscht, den wir in diesem Maß auswogen. Darum brenne ich in diesem Maßgefäß.»

Während er noch mit der Gevatterin redete, stieß ihn der Engel an, führte ihn zum Ofen hinaus und sagte zu ihm:

«Mache dich gefaßt auf eine Reise voll Schrecken, die dir jetzt bevorsteht!»

Jammernd versetzte der Bruder:

«Du hartherziger und erbarmungsloser Führer, siehst du nicht, wie mein Leib mit schrecklichen Brandwunden bedeckt ist. Wie kannst du verlangen, daß ich in diesem Zustand neuen Gefahren und Schrecknissen entgegengehen soll?»

Da berührte ihn der Engel abermals, von seinen Brandwunden wurde er geheilt und fühlte sich wieder stark und kräftig.

Nun geleitete ihn der Engel zu einem gefährlichen Steg, der ganz schmal und schlüpfrig war, kein Geländer hatte und dem Einsturz nahe schien. Er führte über einen ekelerregenden, stinkenden Fluß, in dem es von Schlangen, Drachen, Kröten und ähnlichem Getier wimmelte. Der Engel befahl ihm:

«Schreite über diesen Steg, denn du muß da hinüber!»

«Wie kann ich da hinübergehen, ohne in diesen grausigen Fluß zu fallen?»

Der Engel antwortete:

«Geh hinter mir her und setze deinen Fuß dort auf, wo ich hintrete. Auf diese Weise wirst du gefahrlos hinüberkommen!»

77

Der Bruder schritt also hinter dem Engel her und tat so, wie dieser es ihm geraten hatte. Aber als er glücklich die Mitte des Stegs erreicht hatte, flog der Engel plötzlich davon und schwang sich auf die Höhe eines mächtigen Berggipfels, der ein gutes Stück jenseits des Flusses lag. Der Bruder, der nun verlassen auf der schmalen Brücke stand, merkte sich Richtung und Ort, wohin der Engel verschwunden war. In seiner Unsicherheit und Angst warf er einen Blick in die Tiefe und sah die furchterregenden Tiere, die die Köpfe zum Wasser hinausreckten und ihre Rachen bereits geöffnet hatten, um zuzuschnappen, wenn er herabstürzte. Der Bruder war vor Furcht wie gelähmt und wußte nicht, was er tun oder wen er zu Hilfe rufen sollte; er vermochte sich weder vorwärts noch rückwärts zu bewegen.

In dieser wirren Hilflosigkeit wurde im bewußt, daß Gott seine einzige Zuflucht sei. Er kniete nieder, stützte sich mit seinen Armen auf den Steg; unter Tränen empfahl er sich mit ganzem Herzen Gott und bat ihn, um seiner unermeßlichen Barmherzigkeit willen ihm zu Hilfe zu kommen.

Noch während er betete, schien es ihm, als ob ihm Flügel wüchsen. In heller Freude wartete er darauf, daß sie groß genug würden, um dem Engel nachfliegen zu können.

Sein Wunsch, von diesem unheimlichen Steg loszukommen, war so heftig, daß er alsbald zu fliegen versuchte. Aber die Flügel waren noch nicht stark genug, so daß sein Versuch mißlang und die Schwingen von ihm abfielen.

Er ließ sich wiederum auf den Steg nieder und begann von neuem zu Gott zu beten. Wieder wuchsen ihm Flügel, und wiederum brachte er die Geduld nicht auf, so lange zu warten, bis sie groß genug waren, ihn zu tragen. Zu früh flog er auf und stürzte mit gebrochenen Schwingen auf den Steg zurück.

Als er nun erkannte, daß seine Ungeduld die Ursache seines Unglücks war, nahm er sich vor: Wenn mir zum dritten Male Schwingen wachsen, werde ich meinen Drang, von hier wegzukommen, so lange bezähmen, bis mich die Flügel wirklich zu tragen vermögen.

Während er diesen Vorsatz faßte, spürte er, wie ihm zum drit-

78

ten Male Flügel wuchsen. Er wartete geduldig, und ihm schien, er habe nun schon hundertfünfzig Jahre oder mehr auf dieser Brücke ausgeharrt.

Endlich unternahm er zum dritten Mal den Vesuch: Mit aller Kraft schwang er sich empor und flog auf den hochgelegenen Gipfel zu, wohin der Engel entschwunden war.

Auf jener Höhe befand sich ein Palast, und der Bruder begab sich zum Portal, um Einlaß zu begehren. Auf sein Anklopfen hin erschien der Pförtner und fragte ihn:

«Wer bist du? Und warum bis du hierher gekommen?»

«Ich bin ein Minderer Bruder», antwortete er bescheiden, worauf der Pförtner sagte:

«So warte hier, ich werde den Heiligen Franziskus herausrufen, um zu sehen, ob er dich kennt!»

Er ging den Heiligen suchen. Unterdessen betrachtete der Bruder die wunderbaren Mauern des Palastes: Sie bestanden aus durchsichtigem Glas[1] von solch unvorstellbarer Klarheit, daß er deutlich die Chöre der Heiligen erschauen konnte und alles wahrnahm, was sich im Innern des Palastes tat. Und wie er staunend in diesen Anblick versunken war, kam plötzlich der Heilige Franziskus auf ihn zu, begleitet von den Brüdern Bernhard und Egidius; hinter ihnen die Scharen jener heiligen Männer und Frauen, die im Leben Bruder Franziskus nachgefolgt waren – unabsehbar schien ihre Zahl.

Als nun der Heilige Franziskus vor dem Bruder stand, sagte er zum Pförtner:

«Laß ihn eintreten, denn er ist einer meiner Brüder!»

Kaum war er durch die Pfote geschritten, fühlte er eine solche Erhebung und Süße in seinem Herzen, daß er alle überstandenen Schrecknisse vergaß, als seien sie nie gewesen. Der Heilige Franziskus führte ihn herum, zeigte ihm all die Herrlichkeit und sagte schließlich zu ihm:

«Mein Sohn, du mußt zur Erde zurückkehren und dort noch

---

[1] Das Mittelalter kannte nur das farbige und matte, nicht aber das durchsichtige Glas. Erst im Laufe des 15.Jahrhunderts gelang es, solches erstmals seit dem Altertum in der berühmten Glashütte von Murano bei Venedig herzustellen.

79

sieben Tage verweilen. Während dieser Zeit bereite dich voll innerer Sammlung und Inbrunst vor, denn ich werde in einer Woche zu dir kommen und dich herführen an diesen Ort der Seligen.»

Der Heilige Franziskus trug einen wunderprächtigen, von schönsten Sternen flimmernden Mantel, und seine fünf Wundmale[1], hell leuchtenden Juwelen gleich, durchstrahlten mit ihrem Licht den ganzen Palast. Bruder Bernhard trug auf seinem Haupte eine golden funkelnde Sternenkrone, und Bruder Egidius war ganz in Licht gekleidet. Und viele andere heilige Brüder lernte er kennen, denen er auf Erden nie begegnet war.

Als der Heilige Franziskus sich von ihm verabschiedet hatte, mußte er, wenn auch ungern, zur Erde zurückkehren.

Noch ganz benommen erwachte der Bruder, und als er sich über das Geschaute Rechenschaft gab, läuteten die Brüder zum ersten Tagesgebet: Seine Entrückung hatte also nur vom Frühgebet bis zum Tagesanbruch gedauert, obwohl es ihm schien, viele Jahre seien unterdessen dahingegangen.

Alles, was er in seinem Traumgesicht geschaut und erlebt, erzählte der Bruder seinem Guardian. Noch bevor sieben Tage um waren, fing er an zu fiebern, und am achten Tage kam, wie er es versprochen hatte, der Heilige Franziskus, um ihn mit seinem Gefolge, einer großen Zahl ruhmvoller Heiliger, abzuholen und seine Seele in das ewige selige Reich Gottes zu geleiten.

---

[1] Am 17. September 1224 empfing Franz von Assisi in mystischer Verzückung auf dem Berge Alverna bei Arezzo die Wundmale Christi. Erste geschichtlich feststehende Stigmatisation im Abendland.

PELLEGRINO UND RINIERI

27 Der Heilige Franziskus kam [im Jahre 1222] nach Bologna, und alles Volk strömte herbei, ihn zu sehen. In den Gassen der Stadt entstand ein solches Gedränge, daß man nur mit großer Mühe den Marktplatz erreichen konnte.

Als die riesige Volksmenge – Frauen, Männer und Studenten – den ganzen Platz füllte, begann der Heilige Franziskus von einer erhöhten Stelle aus zu predigen, was der Heilige Geist ihm eingab. Und er predigte so wundersam, daß man eher meinte, ein Engel redete denn ein Mensch: Seine Worte durchdrangen den Platz wie schwirrende Pfeile, beflügelt von himmlischen Wesen, und drangen ein in die Herzen der Zuhörer, so daß eine große Zahl Männer und Frauen in sich gingen, sich bekehrten und Buße taten.

Unter der anwesenden Menge befanden sich auch zwei Studenten, die aus vornehmen Geschlechtern der Mark Ancona stammten. Pellegrino [von Falerone] und Rinieri [von Muccia] waren ihre Namen.

Durch die Predigt des seligen Vaters Franziskus wurden sie in ihren Herzen vom Geiste Gottes berührt. Sie traten vor Franziskus und eröffneten ihm, daß sie für immer die Welt verlassen und in die Gemeinschaft seiner Brüder eintreten möchten. Franziskus spürte in seiner Seele, daß sie von Gott auserlesen waren und im Brüderkreise ein gotterfülltes Leben führen würden. Deshalb gab er ihrer glühenden Begierde nach, nahm sie freudig auf und sagte ihnen:

«Du, Pellegrino, wirst innerhalb der Bruderschaft den Weg der Demut gehen, und du, Bruder Rinieri, wirst den Brüdern dienen!»

So geschah es. Bruder Pellegrino wollte nicht einmal Kleriker werden, sondern Laie bleiben, obwohl er viel studiert hatte und eine umfassende Kenntnis des Kirchenrechts besaß. Durch diese tätige Demut vollendete er sein Tugendleben in einem solchen Maß, daß Bruder Bernhard, der Erstgeborene des seligen Vaters Franziskus, von ihm jeweils sagte, er sei einer der vollkommensten Brüder auf dieser Welt.

Von der Liebe zu Christus getrieben und entflammt in Sehnsucht nach dem Martyrium, pilgerte er nach Jerusalem, um die Stätten, wo unser Heiland gelebt, inbrünstigen Herzens aufzusuchen. Sein Reiseführer war das Evangelium. Er las darin über die heiligen Orte, in denen Gott als Mensch gelebt, über deren Boden er mit seinen heiligen Füßen geschritten und deren Bild er mit seinen heiligen Augen in sich aufgenommen; ehrfürchtig warf sich Bruder Pellegrino an diesen geheiligten Stätten nieder, umfaßte sie mit den Armen des Glaubens, küßte sie mit dem Kusse der Liebe und netzte sie mit den Tränen frommer Rührung, so daß alle, die seine Hingabe mitansahen, tief beeindruckt wurden.

Ein göttlicher Ratschluß ließ ihn unversehrt nach Italien zurückkehren. Als wahrer Pellegrino, als wirklicher Pilger durch diese Welt und als Bürger des Reichen Gottes suchte er seine vornehmen Blutsverwandten nur selten auf, bestärkte sie aber jeweils in der Verachtung der trügerischen Welt und suchte mit bedächtigen Reden in ihnen den Funken göttlicher Liebe zu entzünden. Ohne Säumen nahm er nachher gern wieder Abschied von ihnen, denn – so pflegte er zu sagen – Christus, der die Seele adelt, hat keine Heimstätte bei den Adligen und Großen dieser Welt.

Nach langen Jahren verließ dieser tugendreiche Bruder Pellegrino das irdische Leben, um es gegen das ewige einzutauschen. Er, der schon zu seinen Lebzeiten viele Wunder gewirkt, wirkte solche erst recht nach seinem Tode.

Bruder Rinieri seinerseits diente in voller Treue und Ergebenheit seinen Brüdern und führte ein gottinniges und bescheidenes Leben. Er war der bevorzugte Vertraute des seligen Vaters Franziskus, der ihn in viele Geheimnisse seines Lebens einweihte. Später wurde er Vorsteher der Brüder in der Provinz Mark Ancona und führte all die Zeit sein Amt so verständnisvoll, daß der Friede brüderlicher Eintracht immer ungetrübt blieb.

Während dieser Zeit ließ Gott zu, daß seine Seele schrecklichen Anfechtungen ausgesetzt wurde. Durch sie gequält und geängstigt, verdüsterte sich sein Gemüt. Er fastete, verrichtete Bußübungen, weinte und betete tage- und nächtelang und konnte trotzdem seinen Versuchungen nicht wehren, so daß ihn oftmals die Verzweiflung würgte, weil er meinte, Gott habe ihn verlassen. Als letzter Ausweg in diesem Jammer kam ihm der Gedanke, zu Vater Franziskus zu gehen. Wenn er ihm sein gütiges Antlitz zeigte und ihn mit der gewohnten lieben Vertrautheit aufnahm, würde Gott mit ihm vielleicht Erbarmen haben: wenn aber nicht, bedeutete es, daß Gott ihn verlassen hatte.

Er machte sich auf zum Heiligen Franziskus, der zu dieser Zeit [im Sommer 1226] im Palast des Bischofs von Assisi schwerkrank darniederlag. Doch hatte ihm Gott bereits die Art der Versuchung und die Verzweiflung des Bruders Rinieri kundgetan und auch seine Absicht zu kommen. Franziskus rief deshalb die Brüder Leo und Masseo zu sich und sagte ihnen:

«Geht sofort meinem geliebten Sohn, dem Bruder Rinieri, entgegen, begrüßt und umarmt ihn an meiner Statt, und sagt ihm, daß ich ihn unter allen Brüdern hier auf Erden ganz besonders liebhabe.»

Die beiden gingen von dannen, begegneten Bruder Rinieri auf der Landstraße, umarmten ihn und richteten ihm aus, was der selige Vater ihnen aufgetragen hatte. Freude quoll in seinem Herzen auf, und die Süße Gottes ergriff seine Seele, so daß er fast außer sich war. Er schickte ein frommes Dankgebet zum Himmel und eilte hin zur Stätte, wo der Heilige Franziskus krank darniederlag.

Sobald dieser den Bruder Rinieri kommen hörte, erhob er sich trotz seiner großen Schmerzen vom Lager, ging ihm entgegen, umarmte ihn liebevoll und begrüßte ihn mit den Worten:

«Mein geliebter Sohn, mein Bruder Rinieri, vor allen Brüdern, die auf dieser Welt sind, habe ich dich lieb, habe ich dich ganz besonders lieb!»

Nach diesen Worten machte er ihm das heilige Kreuzzeichen auf die Stirne und küßte ihn und fuhr fort:

«Mein innig geliebter Sohn, diese Versuchung hat Gott zugelassen, deine Verdienste reich zu machen. Aber wenn du diesen
Gewinn nicht mehr willst, soll es genug sein!»

O Wunder! Wie der Heilige Franziskus diese Worte gesprochen hatte, war Bruder Rinieri von jeder Versuchung befreit, als
ob es sie nie in seinem Leben gegeben hätte. Und nie mehr wurde der tröstliche Frieden seines Herzens gestört.

DIE VERZÜCKUNG DES BRUDERS BERNHARD

28 Wieviel Huld Gott oftmals den im Geist des Evangeliums Armen erweist, die um der Liebe zu Christus willen die Welt verlassen haben, zeigt das Beispiel von Bruder
Bernhard von Quintavalle: Nachdem er das Kleid des Heiligen
Franziskus genommen, durfte er immer und immer wieder in
seinen Verzückungen die Süße Gottes kosten und wurde für
würdig befunden, himmlische Dinge zu schauen, die kein
menschliches Auge je sah.

So wurde er einmal, als er sich während der heiligen Messe
ganz in Gott versenkt hatte, entrückt und verzückt, so sehr,
daß er nicht wahrnahm, wie in Gestalt der Hostie der Leib
Christi emporgehoben wurde, und er weder niederkniete noch
die Kapuze zurückstreifte, wie die andern es taten. Ohne mit
der Wimper zu zucken, blickte er stieren Auges unbeweglich
vor sich hin und blieb in diesem Zustand vom Sonnenaufgang
bis zur neunten Stunde. Um diese Zeit kam er wieder zu sich,
lief durch das Haus und rief mit einer seltsam ungewohnten
Stimme:

«O Brüder, Brüder, Brüder! Gibt es in diesem Land einen vornehmen und hochgestellten Mann, der nicht einen Sack voll
Mist ein Stück des Weges schleppen würde, wenn man ihm einen prächtigen Palast voll Gold dafür verspräche?»

Nach diesem Himmelsreichtum, der denen versprochen ist,
die Gott lieben, verlangte die Seele des Bruders Bernhard mit
solcher Sehnsucht, daß er auf seinem Lebensweg fünfzehn Jahre

lang unaufhörlich Herz und Antlitz gegen den Himmel gerichtet hielt. Während dieser Zeit stillte er bei Tisch nie seinen Hunger, obwohl er immer eine Kleinigkeit zu sich nahm: denn – so pflegte er zu sagen – vollkommen ist das Fasten nicht, sich der Speise völlig zu enthalten. Die wahre Enthaltsamkeit besteht vielmehr darin, Maß zu halten mit den Dingen, die dem Gaumen gut schmecken.

Auf diese Weise wurde sein Verstand so klar und scharf, daß sogar hochgestellte Kirchenmänner zu ihm kamen, seinen Rat bei der Auslegung wichtiger, aber schwer zu deutender Stellen der Heiligen Schrift zu erbitten. Bruder Bernhard löste alle Schwierigkeiten. Da seine Seele von weltlichen Dingen unabhängig und dadurch geistig frei geworden war, kreiste sie immer wieder, einer Schwalbe gleich, empor ins Höhenreich des Geistes. So blieb er manchmal zwanzig und dreißig Tage einsam auf dem Grat der höchsten Berge, um sich hier in die himmlischen Dinge zu versenken. Bruder Egidius pflegte darum zu bemerken, daß Bruder Bernhard von Quintavalle über eine Gabe verfüge, die den übrigen Menschen nicht gegeben sei: nämlich sich wie eine Schwalbe im Fluge zu ernähren. Und dieser hohen Gnade wegen, die ihm Gott verliehen hatte, liebte es der Heilige Franziskus, sich mit ihm durch Tage und Nächte hindurch ins Gespräch zu vertiefen: So wurden beide einmal zusammen in einem Wald, in den sie sich zurückgezogen hatten, um miteinander über Gott zu sprechen, beobachtet, wie sie eine ganze Nacht lang in Gott verzückt waren.

DIE ANFECHTUNGEN DES BRUDERS RUFFINO

29 Bruder Ruffino, der aus einer der vornehmsten Adelsfamilien von Assisi stammte und Gefährte des Heiligen Franziskus wurde, war ein Mann von großer Gottinnigkeit. Eines Tages brachte die Frage der Prädestination sein Herz und seine Seele in Versuchung und in völlige Verwirrung. Schwer-

mut und Trauer erfüllten ihn, denn der Dämon hatte ihm die Vorstellung eingegeben, er sei verdammt und gehöre nicht zu denen, die für das ewige Leben auserwählt seien. Sein Leben innerhalb der Brüderschaft sei sinnlos vertan. Trotz dieser tagelangen Bedrängnis hielt ihn die Scham zurück, sich dem Heiligen Franziskus anzuvertrauen – aber er unterließ es trotzdem nicht, die üblichen Gebete und Bußübungen zu verrichten. Daher begann der böse Feind, ihn von einer Traurigkeit in die andere zu stürzen, indem er ihn nicht nur Seelenkämpfen aussetzte, sondern ihn auch von außen her mit trügerischen Erscheinungen bedrängte.

So erschien er ihm einmal in Gestalt des Gekreuzigten und redete zu ihm:

«O Bruder Ruffino, warum quälst du dich in Buße und Gebet, da du doch nicht zu den Auserwählten des ewigen Lebens zählst? Glaube mir, ich weiß, wen ich erwählt und wen ich verworfen habe. Schenke dem Sohn des Pietro Bernardone keinen Glauben, wenn er das Gegenteil behaupten sollte, und frage ihn darüber auch nicht aus, weil weder er noch andere es wissen können. Nur ich weiß es, der ich der Sohn Gottes bis: Darum sei gewiß, daß du zu der Schar der Verdammten gehörst. Aber auch dein Vater Franziskus, der Sohn des Pietro Bernardone, und dessen Vater sind verdammt, und jeder, der ihm nachfolgt, ist verführt und betrogen!»

Als Bruder Ruffino diese Worte vernommen hatte, wurde seine Seele vom Fürsten der Finsternis dermaßen verdüstert, daß er jeden Glauben und alle Liebe, die ihn an Franziskus banden, verlor. Er sah sogar davon ab, diesem davon auch nur irgend etwas zu sagen.

Aber was Bruder Ruffino dem heiligen Vater verschwieg, enthüllte diesem der Heilige Geist. Sobald der Heilige Franziskus der Gefahren inne wurde, die Bruder Ruffino bedrohten, sandte er den Bruder Masseo zu ihm.

Aber Bruder Ruffino empfing ihn mürrisch: «Was habe ich mit Bruder Franziskus zu schaffen?»

Bruder Masseo, dessen Herz voll göttlicher Weisheit war, erkannte sofort den Betrug des Teufels und antwortete: «O Bruder

Ruffino, weiß du nicht, daß Bruder Franziskus wie ein Engel Gottes ist, der viele Seelen auf der Welt mit göttlichem Licht entzündet hat und uns durch sich der Gnade Gottes teilhaftig werden läßt?

Deshalb möchte ich, daß du um alles in der Welt zu ihm gehst, denn es ist offensichtlich, daß du vom Teufel verblendet bist.»

Auf diese Aufforderung hin raffte sich Bruder Ruffino auf und ging zum Heiligen Franziskus. Als dieser ihn schon von weitem kommen sah, begann er zu rufen: «O Bruder Ruffino, armer Tropf, auf wen bis du hereingefallen?»

Als Bruder Ruffino nun vor ihm stand, erzählte er ihm getreulich, wie ihn der Dämon von innen und außen versucht hatte. Franziskus aber erklärte ihm, nicht Christus, sondern der Dämon sei ihm erschienen, und er dürfe seinen Einflüsterungen auf keinen Fall Gehör schenken:

«Und wenn der Dämon dir wieder zuraunen sollte: Du bist verdammt, so entgegne ihm: Sperr dein Maul auf, damit ich hineinscheißen kann! Derart herausgefordert, wird er sofort entfliehen, und dies wird dir das Zeichen sein, daß er der Teufel ist und nicht Christus. Aber auch daran hättest du erkennen können, daß es der Teufel war, weil er dein Herz gegen alles Gute verhärtete. Das ist ja sein wahres Geschäft! Christus dagegen, der Hochgepriesene, verhärtet nie das Herz des gläubigen Menschen, sondern erweicht es, wie durch den Mund des Propheten verkündet wurde: ‹Ich werde euch euer Herz von Stein in eines von Fleisch wandeln.›»

Als Bruder Ruffino sah, wie der Heilige Franziskus ihm den ganzen Hergang der Versuchung wahrheitsgetreu auseinandersetzte, war er so heftig erschüttert, daß er bitterlich zu weinen und den Heiligen Franziskus wieder innig zu lieben begann. Demütig sah er die Schuld ein, die er auf sich geladen, weil er dem Heiligen Franziskus seine Versuchung verheimlicht hatte. Die Ermahnungen des heiligen Vaters aber trösteten, stärkten und wandelten ihn. Zum Schluß sagte der Heilige Franziskus:

«Geh, mein Sohn, beichte und lasse nicht ab vom eifrigen

Gebet. Sei gewiß, daß dir diese Versuchung von großem Nutzen und Trost sein wird, binnen kurzem wirst du es erfahren!»

Bruder Ruffino kehrte nun in seine Zelle in den Wald zurück. Als er hier nun unter vielen Tränen betete, siehe, da kam der böse Feind, seiner äußeren Erscheinung nach gekleidet in der Gestalt Christi, und sprach zu ihm:

«O Bruder Ruffino, habe ich dir nicht gesagt, du sollst dem Sohne des Pietro Bernardone nicht glauben, dich nicht mit Tränen und Gebeten plagen, da du zu den Verdammten zählst. Was nützt es dir, ein Leben der Betrübnis und Buße zu führen, wenn du nach dem Tode doch verdammt sein wirst?»

Aber sofort schrie Bruder Ruffino dem Dämon zu: «Sperr dein Maul auf, damit ich hineinscheißen kann!»

Voller Entrüstung verschwand der Teufel auf der Stelle, entfachte einen Sturm und ein Erdbeben, das den ganzen nahegelegenen Monte Subasio so stark erzittern ließ, daß eine weite Fläche von den herabstürzenden Felstrümmern überschüttet wurde. Die Wucht, mit der sie herabrollten, war so groß, daß ein fürchterlicher Funkenregen durch das ganze Tal prasselte. Als der Heilige Franziskus und seine Gefährten das schreckliche Getöse hörten, kamen sie voller Verwunderung ins Freie, um zu sehen, was sich ereigne. Noch heute sieht man dort jene gewaltigen Felstrümmer.

Bruder Ruffino war nun überzeugt, daß es der Dämon gewesen war, der ihn versucht hatte. Er suchte den Heiligen Franziskus nochmals auf, warf sich vor ihm auf die Erde und bekannte seine Schuld von neuem. Mit innigen Worten sprach ihm der Heilige Franziskus Mut zu. Getröstet ließ Bruder Ruffino sich in seine Zelle zurückschicken. Als er sich dort tief ins Gebet versenkt hatte, erschien ihm Christus, der Hochgelobte, ließ die Wärme göttlicher Liebe in seine Seele einströmen und redete zu ihm:

«Wohl dir, daß du Bruder Franziskus geglaubt hast, denn jener, der dein Herz mit Wirrnis erfüllte, war der Dämon. Ich aber bin Christus, dein Meister! Damit du dessen ganz sicher bist, gebe ich dir dies zum Zeichen: Solange du lebst, wird nie mehr Trauer oder Schwermut deine Seele überschatten.»

Nach diesen Worten verschwand Christus. Bruder Ruffino aber blieb zurück. Frohmut und Süße erfüllten sein Inneres, und seine Seele spannte sich so weit, daß er den Tag und die Nacht in Gott versunken und entrückt war.

Von dieser Zeit an war er von der Huld Gottes und der Gewißheit seines Heiles so unerschütterlich überzeugt, daß er sich in einen völlig andern Menschen verwandelte. Losgelöst von der Zeit hätte er sich unablässig dem Gebet hingegeben und sich in die göttlichen Dinge versenkt, wenn die andern Brüder es zugelassen hätten. Darum meinte der Heilige Franziskus, daß Bruder Ruffino bereits in diesem Leben von Christus heiliggesprochen sei; er scheue sich deshalb nicht, möge Bruder Ruffino nah oder fern von ihm sein und leiblich noch auf Erden leben, ihn doch «Santo Ruffino» zu nennen.

BRUDER RUFFINO PREDIGT

30 Jener Bruder Ruffino wurde durch immerwährende Versenkung in Gott so verinnerlicht, daß er seine Sinne nach außen ganz verschloß; er blieb fast stumm, verlor kaum noch ein Wort, und zum Predigen fehlten ihm überdies Mut und Gewandtheit. Trotzdem befahl ihm Franziskus bei einer Gelegenheit, nach Assisi zu gehen und vor dem Volk über das zu predigen, was Gott ihm eingeben würde. Bruder Ruffino aber sprach:

«Ehrwürdiger Vater, ich bitte dich, erlaß mir dies und schicke mich nicht hin. Du weißt, daß ich die Predigergabe nicht besitze. Ich bin ein einfältiger Tropf.»

Franziskus antwortete darauf: «Weil du nicht sofort gehorcht hast, verpflichte ich dich im Namen des heiligen Gehorsams, nur in kurzen Hosen, sonst aber nackt, wie du zur Welt kamst, nach Assisi zu gehen und mit dieser deiner Blöße in eine Kirche zu treten und dem Volke zu predigen!»

Auf dieses Gebot hin zog sich Bruder Ruffino aus, begab sich nach Assisi, trat in eine Kirche, beugte vor dem Altar das Knie, stieg auf die Kanzel und begann zu predigen. Darüber begannen Kinder und Erwachsene zu lachen und sagten zueinander: «Seht doch nur, die tun so viel Buße, daß sie dabei blöde werden und den Verstand verlieren!»

Inzwischen begann Franziskus – er war beeindruckt vom unbedingten Gehorsam des Bruders Ruffino, der aus den vornehmsten Kreisen Assisis stammte – sich Vorwürfe zu machen, denn er fand seinen Befehl allzu hart, und sagte zu sich selbst:

«Wie kommst du zu der Vermessenheit, Sohn des Peter Bernardone, elende Menschenkreatur, dem Bruder Ruffino, der einer der vornehmsten Männer von Assisi ist, zu befehlen, er solle nackt dem Volke predigen gehen wie ein Narr? Bei Gott, du solltest zuerst an dir selbst das beweisen, was du von andern zu tun verlangst.»

Und entflammter Seele entledigte er sich gleichfalls seiner Kleider und machte sich auf nach Assisi. Bruder Leo mußte ihn begleiten und für beide, für Franziskus und für Bruder Ruffino, die Kutten mitbringen.

Als die Bewohner von Assisi ihn derart daherkommen sahen, spotteten sie seiner und meinten, er wie Bruder Ruffino seien durch ihr bußerfülltes Leben närrisch geworden.

Franziskus begab sich zur Kirche, wo Bruder Ruffino gerade folgende Worte predigte:

«O ihr lieben Menschen, fliehet die Welt und laßt ab von der Sünde!

Gebt fremdes Gut zurück, damit ihr nicht in die Hölle kommt!

Wollt ihr aber in den Himmel eingehen, so haltet die Gebote Gottes, indem ihr Gott und den Nächsten liebt!

Ändert euer Leben, wenn ihr das Reich Gottes besitzen wollt!»

Darauf stieg Franziskus nackt auf die Kanzel, und er begann so staunenerregend von der Verachtung der Welt zu predigen, von der auf Gott gerichteten Wende des Lebens, von der freiwilligen Armut, von der Sehnsucht nach dem Reiche Gottes, von der Nacktheit und der Schmach des Leidens unseres Herrn Jesus Christus, daß alle Zuhörer, Männer und Frauen in großer Zahl, anfingen, zerknirschten Herzens in einzigartiger Hingebung heiße Tränen zu vergießen.

Aber nicht nur der Raum der Kirche, sondern ganz Assisi wurde an jenem Tage mit solchen Wehklagen um das Leiden Christi erfüllt, wie sie ähnlich noch nie gehört worden waren. So wurde das Volk durch die Tat des Heiligen Franziskus und des Bruders Ruffino innerlich erhoben und mit Frieden erfüllt. Sie aber zogen ihre Kutten wieder über, und während sie nach Porziuncola zurückwanderten, lobten und priesen sie Gott, weil er ihnen die Kraft gegeben hatte, sich selbst zu erniedrigen und zu überwinden und den Schäfchen Christi ein gutes Beispiel zu sein und ihnen zu zeigen, wie gering die Welt zu achten sei.

Seit jenem Tage nahm ihre Verehrung bei Volk derart zu, daß sich glückselig schätzte, wer nur den Saum ihres Gewandes berühren konnte.

DER GUTE HIRTE

31 Unser Herr Jesus Christus im Evangelium sagt: «Ich kenne meine Schafe und die meinen kennen mich.» Genau so kannte als guter Hirte der selige Vater Franziskus alle guten Werke und geistlichen Werte seiner Gefährten dank göttlicher Offenbarung – und ebenwo wußte er auch um ihre Fehler: Deshalb war es ihm gegeben, allen mit den besten Mitteln beizustehen, indem er die Stolzen demütigte, die Demütigen erhöhte, die Lasterhaften tadelte und die Tugendhaften lobte. Wir können dies aus den wunderbaren Erleuchtungen entnehmen, die er über seine ursprüngliche Brüderfamilie hatte.

Unter anderem wird überliefert, wie einmal Franziskus mit seiner Brüderschaft an irgendeinem Orte weilte, um mit ihnen über Gott zu sprechen. Bruder Ruffino nahm an diesem gemeinsamen Gespräch nicht teil, denn er war in den Wald gegangen, um sich dort in Gott zu versenken.

Während die andern ins Gespräch über Gott vertieft waren, trat auf einmal Bruder Ruffino aus dem Wald und schritt in einiger Enfernung an ihnen vorbei. Franziskus sah ihn, wandte sich an seine Gefährten und fragte sie:

«Sagt mir, welche Seele ist eurer Überzeugung nach die heiligste, die Gott in dieser Welt besitzt?»

Sie gaben ihm zur Antwort, sie glaubten, es sei die seine. Franziskus aber entgegnete ihnen:

«Geliebte Brüder, ich komme mir selbst als der unwürdigste und schändlichste Mensch vor, den Gott auf dieser Welt hat. Aber habt ihr den Bruder Ruffino gesehen, der eben aus dem Walde trat? Gott hat mir geoffenbart, daß seine Seele eine der drei heiligsten auf dieser Welt ist. Ich beteure es euch, daß ich nicht zögern würde, ihn noch zu seinen Lebzeiten ‹Santo Ruffino› zu nennen, weil seine Seele voll der Gnaden und der Fülle Gottes ist und ihn im Himmel unser Herr Jesus Christus der Verehrung für würdig befand.»

Solche Worte aber sprach Franziskus nie in Gegenwart von Bruder Ruffino aus.

Auf gleiche Weise wußte er auch um die Fehler seiner Brüder. Dies erwies sich an Bruder Elias, den er oftmals wegen seines Hochmuts tadelte; und an Bruder Johannes mit dem Hut, dem er voraussagte, daß er sich selbst erhängen werde; und an jenem Bruder, dem der Dämon die Kehle zuschnürte, als er wieder in Ungehorsam fiel, und an vielen andern Brüdern, deren verborgene Fehler und Tugenden er durch die Offenbarung Christi klar erkannte.

DIE DEMUT DES BRUDERS MASSEO

32 Die ersten Gefährten des Heiligen Franziskus strebten mit glühendem Eifer danach, arm zu sein an irdischem Besitz, reich dafür an Werten, durch die sie zum wahren himmlischen und ewigen Reichtum gelangen konnten.

Eines Tages, als sie in einem Gespräch über Gott vereint waren, erzählte einer von ihnen folgendes Beispiel:

«Es lebte da ein großer Gottesfreund. Groß war seine Gnade im tätigen und im mystischen Leben; zugleich war er von einer solchen Demut, daß er sich für den größten Sünder hielt. Diese Demut heiligte ihn und befestigte ihn in der Gnade und ließ ihn fortwährend an Kraft und Gaben Gottes zunehmen und bewahrte ihn stets davor, in die Sünde zu fallen.»

Als Bruder Masseo von solch wunderbaren Wirkungen der Demut hörte und erkannte, daß sie ein Unterpfand des ewigen Lebens sei, entflammte er in Liebessehnsucht nach dieser Kraftquelle der Demut und erhob in großer Erregung sein Gesicht gegen den Himmel mit dem festen Vorsatz und dem Gelübde, auf dieser Erde nie mehr fröhlich zu sein, bis seine Seele spüre, daß sie dieser Kraft völlig inne sei. Von da an hielt er sich fast ständig in seiner Zelle eingeschlossen und demütigte sich vor Gott mit Fasten, Nachtwachen, Gebeten und Strömen von Tränen, um von ihm jene Kraft herabzuflehen, mit der jener Gottesfreund beschenkt worden war, und er glaubte, die Hölle verdient zu haben, wenn er sie nicht erlangen würde.

Erfüllt von dieser Sehnsucht hatte er viele Tage dahingelebt. So geschah es, daß er zu irgendeiner Stunde in einen Wald ging und in diesem mit inbrünstiger Seele unter Tränen und Seufzern und Klagen kreuz und quer umherwanderte und in glühendem Begehren Gott bestürmte, ihm diese erhabene Tugend zu verleihen.

Weil Gott gern die Bitten der in Demut Zerknirschten erhört, kam, während Bruder Masseo im Walde verweilte, eine Stimme vom Himmel, die ihm zweimal zurief:

«Bruder Masseo! Bruder Masseo!»

In seinem Geiste erkannte er, daß dies die Stimme Christi war, und antwortete: «Mein Herr!»

Christus aber sprach zu ihm: «Was willst du hergeben, um jene Kraft zu erlangen, um die du bittest?»

Bruder Masseo antwortete: «Herr, ich will die Augen meines Hauptes dafür hingeben.»

Christus entgegnete: «Ich aber will, daß du die erflehte Gabe und die Augen haben sollst.»

Mit diesen Worten verstummte die Stimme.

Dem Bruder Masseo aber wurde die Gnade der ersehnten Kraft, nämlich die Tugend der Demut und die Erleuchtung durch Gott in einem solchen Maß zuteil, daß er von der Stunde an mit immerwährendem Jubel erfüllt war: Oftmals, wenn er betete, gab er sich dem Jubel wie ein Täuberich hin, mit dem tiefen Gurren des U-U-U; fröhlichen Angesichts und selig gestimmten Herzens versenkte er sich in göttliche Dinge, und da er dabei unendlich demütig geworden war, hielt er sich für den Geringsten unter den Menschen dieser Welt. Als er einst von Bruder Jakob von Fallerone gefragt wurde, warum er die Melodie seines Jubels nie wechsle, antwortete er voller Freude, wenn man alles Glück gefunden habe, erübrigten sich wechselnde Melodien.

DER SEGEN DER SCHWESTER CLARA

33 Die Heilige Clara, die hingebungsvolle Nachfolgerin des Kreuzes Christi und Adelstochter des Herrn Heiligen Franziskus, lebte in solcher Gotterfülltheit, daß nicht nur Bischöfe und Kardinäle, sondern auch der Papst selbst sich danach sehnte, sie zu sehen und mit ihr zu sprechen, und öfters kamen sie sie in eigener Person besuchen.

Wieder einmal suchte sie der Papst in ihrem Kloster auf, um sie von der himmlischen und göttlichen Welt sprechen zu hören. Während sie sich in ihr Gespräch vertieften, ließ die Heilige

Clara den Tisch decken und Brot darauf legen, damit der Heilige Vater es segne.

Nachdem sie ihre geistliche Unterredung beendet hatten, bat die Heilige Clara in ehrfurchtsvollem Kniefall, der Heilige Vater möge die Güte haben, das auf dem Tisch bereitgestellte Brot zu segnen. Aber der Papst antwortete:

«Getreue Schwester Clara, ich möchte, daß du dieses Brot segnest und darüber das Zeichen des heiligen Kreuzes Christi machst, dem du dich ganz ergeben hast.»

Clara entgegnete: «Heiliger Vater, erlaßt es mir! Ich würde mich eines zu großen Vorwurfs schuldig machen, wenn ich, eine nichtige Kreatur, in Gegenwart des Stellvertreters Christi mir anmaßen würde, eine solche Segnung vorzunehmen.»

Der Papst gab jedoch zur Antwort: «Damit es dir nicht als Anmaßung geziehen, sondern als Verdienst im Gehorsam angerechnet werde, befehle ich dir im Namen des göttlichen Gehorsams, über dieses Brot das heilige Kreuzzeichen zu machen und es im Namen Gottes zu segnen!»

Als wahre Tochter des Gehorsams segnete daraufhin die Heilige Clara ehrfürchtig die Brote mit dem heiligen Kreuzzeichen. Sogleich erschien – ein wunderbarer Vorgang! – auf allen Broten das Zeichen des Kreuzes, formschön eingeschnitten. Einige dieser Brote aß man, die übrigen wurden jedoch des Wunders wegen aufgehoben.

Der Heilige Vater, Augenzeuge dieses Wunders, nahm beim Weggehen von diesem Brote mit und hinterließ der Heiligen Clara seinen Segen.

Zu jener Zeit lebten im Kloster auch Schwester Ortolana, die Mutter der Heiligen Clara, und Schwester Agnes, ihre leibliche Schwester, die alle zusammen voller Seelengröße und voll des Heiligen Geistes waren. Auch viele andere gottverbundene Nonnen lebten hier. Der Heilige Franziskus schickte viele Kranke zu ihnen, die sie alle mit Gebeten und dem heiligen Kreuzzeichen wieder gesund machten.

DER KÖNIG VON FRANKREICH
UND BRUDER EGIDIUS

34 Der heilige Ludwig, König von Frankreich, war auf einer Pilgerfahrt, die heiligen Stätten in aller Welt zu besuchen: Da er vom gewaltigen Ruhm der Heiligkeit des Bruder Egidius berichten hörte – einer der ersten Gefährten des Heiligen Franziskus –, erwog er in seinem Herzen, ihn in eigener Person zu besuchen. Er zog nach Perugia, wo sich Bruder Egidius damals aufhielt.

Im Gewand eines armen Pilgers, nur von wenigen Gefährten begleitet, kam er zur Pfote der Brüder-Niederlassung und verlangte ungestüm nach Bruder Egidius, wobei er sich dem Pförtner, dem er sein Begehren vortrug, nicht zu erkennen gab.

Dieser ging zu Bruder Egidius und bestellte, daß an der Pforte ein Pilger nach ihm verlange. Da wurde Bruder Egidius von Gott eingegeben und geoffenbart, daß jener Pilger der König von Frankreich sei. Sofort stürzte er in großer innerer Bewegung aus der Zelle und eilte zur Pforte:

Bevor sie miteinander ein Wort gewechselt und obwohl sie sich noch nie gesehen hatten, knieten sie in großer Ehrfurcht nieder, umarmten und küßten sich mit solcher Vertrautheit, als wären sie schon seit langem die innigsten Freunde. Keiner brach das Schweigen, wortlos lagen sie sich im Zeichen einer aus dem Herzen quellenden Liebe in den Armen. Sie hielten sich lange Zeit umschlungen und schieden, ohne miteinander ein Wort gewechselt zu haben. Der heilige Ludwig setzte seine Pilgerfahrt fort, und Bruder Egidius kehrte in seine Zelle zurück.

Als der König wegging, fragte ein Bruder einen seiner Begleiter, wer denn jener gewesen sei, der sich mit Bruder Egidius so lange umschlungen gehalten habe. Man antwortete ihm, es sei Ludwig, der König von Frankreich, gewesen, der hergekommen sei, Bruder Egidius zu sehen.

Dies berichtete er seinen Mitbrüdern, die nun sehr betrübt waren, daß Bruder Egidius mit dem König kein Wort gesprochen hatte. In ihrem Bedauern bestürmten sie ihn:

«O Bruder Egidius, warum hast du dich einem so heiligen König gegenüber derart tölpelhaft benommen? Er ist doch von Frankreich hergekommen, um dich zu sehen und von dir einige gute Worte zu vernehmen – und rein gar nichts kam über deine Lippen.»

Bruder Egidius aber gab zur Antwort: «O ihr lieben Brüder, seid darüber nicht erstaunt! Weder vermochte ich ihm noch er mir ein Wort zu sagen. Denn sobald wir uns umarmt hielten, enthüllte und entdeckte das Licht der göttlichen Weisheit mir sein Herz und ihm das meine. Und da wir einander durch Gottes Zutun in die Herzen schauten, erkannten wir das, was ich ihm und er mir sagen wollte, viel besser, als hätten wir es wirklich ausgesprochen, und was wir in unseren Herzen fühlten, tröstete uns mehr, als gesprochene Worte es je gekonnt hätten. Die Unzulänglichkeit der menschlichen Rede, die die verborgenen Geheimnisse Gottes doch nicht deutlich auszudrücken vermag, hätte, statt zu trösten, uns untröstlich gemacht. Seid versichert, daß der König in wunderbarem Frieden und mit trosterfüllter Seele von mir schied.»

DIE WEIHNACHTEN DER HEILIGEN CLARA

35 Die Heilige Clara war einmal so schwer erkrankt, daß sie ihre Schwesternschar nicht in die Kirche zum gemeinsamen Stundengebet begleiten konnte. Als am Tage des hochheiligen Christfestes alle Nonnen zum Frühgebet gingen, blieb sie im Bett und war betrübt, daß sie nicht unter den Mitschwestern weilen und an der geistlichen Tröstung teilnehmen konnte. Aber Jesus Christus, ihr Bräutigam, wollte sie nicht ihrer Betrübnis überlassen. Auf wunderbarem Wege ließ er sie zur Kirche des Heiligen Franziskus bringen, wo sie dem Frühgebet und der Christmesse beiwohnte und das heilige Abendmahl empfing. Darauf gelangte sie auf ebenso wunderbarem Wege wieder in ihr Bett zurück.

Als die Nonnen in San Damiano ihr Stundengebet beendet hatten, erschienen sie vor der Heiligen Clara und riefen ihr zu:

«O Mutter, Schwester Clara, welchen Herzensfrieden haben
wir empfangen in dieser heiligen Christnacht! O hätte es doch
Gott gefallen, Euch unter uns sein zu lassen!»

Aber die Heilige Clara antwortete ihnen:

«Ich sage Lob und Dank unserem Herrn Jesus Christus,
dem Gesegneten, o meine geliebtesten Schwestern und Töch-
ter! Denn an jeglicher Feier dieser hochheiligen Nacht war ich
zugegen, und sie waren glänzender als jene, der ihr beiwohn-
tet, und reich getröstet ist meine Seele. Durch die Fürsprache
meines Heiligen Vaters Franziskus und durch die Huld unseres Herrn Jesus Christus bin ich in der Kirche meines verehrungswürdigen Vaters, des Bruders Franziskus, gegenwär-
tig gewesen und habe mit meinen leiblichen und geistigen
Ohren den ganzen Gottesdienst gehört und das Orgelspiel,
das dort erklang. Ich habe auch das hochheilige Abendmahl
empfangen. Darum freut euch über solche Gnade, mit der
ich beschenkt wurde, und danket unserem Herrn Jesus
Christus!»

DIE WANDERUNG AUS DER ZEIT
IN DIE EWIGKEIT

36 Als einmal der Heilige Franziskus schwer erkrankt war
und Bruder Leo ihn pflegte, überkam diesen, als er bei
dem Kranken weilte und betete, eine mystische Verzückung,
und er wurde im Geiste an einen großen und breiten, reißenden
Fluß geführt. Er blieb am Ufer stehen, um zuzuschauen, wer
ihn durchschreite. Er sah einige Brüder, die schwer beladen
ins Wasser gingen; sie wurden von der Gewalt der Strömung
mitgerissen und ertranken. Andern gelang es, das erste Drittel,
wieder andern, die Hälfte des Flusses zu durchschreiten, einigen
gar, die Nähe des gegenüberliegenden Ufers zu erreichen.
Doch sie alle verloren schließlich teils durch die Wucht der
Strömung, teils wegen der Lasten, die sie sich aufgebürdet hatten, den Halt und ertranken. Darob empfand Bruder Leo großes
Mitleid.

Als er so am Ufer stand, kam plötzlich eine große Schar Brüder daher, die keine Lasten mitschleppten und durch keine Bürde behindert waren, und der Glanz der heiligen Armut strahlte von ihnen aus. Sie schritten in den Fluß hinein und durchwateten ihn ungefährdet.

In diesem Augenblick erwachte Bruder Leo aus seiner Verzückung. Franziskus spürte, daß Bruder Leo irgendein Gesicht gehabt hatte: er rief ihn zu sich und fragte ihn, was er geschaut habe. Nachdem Bruder Leo sein Gesicht geschildert hatte, sprach Franziskus:

«Das, was du geschaut hast, entspricht der Wahrheit. Der gewaltige Fluß ist diese Welt. Die Brüder, die im Fluß ertranken, sind jene, die nicht der evangelischen Berufung folgen, und vor allem nicht der verehrungswürdigen Armut. Jene aber, die ungefährdet den Fluß durchschritten, sind die Brüder, die weder nach etwas Irdischem und Fleischlichem begierig sind, noch auf dieser Welt etwas besitzen; wenn sie nur mäßig essen und sich kleiden können, sind sie zufrieden und folgen Christus nach, der nackt am Kreuz hing. Die Last und das sanfte Joch Christi und den auf Gott gerichteten Gehorsam tragen sie freiwillig und fröhlichen Herzens. Darum schreiten sie mühelos vom zeitlichen Leben in das ewige hinüber.»

DER REICHE EDELMANN

37 Der Heilige Franziskus, der Knecht Christi, kam eines Abends spät vor das Haus eines angesehenen und einflußreichen Edelmannes. Dieser bot ihm und seinen Gefährten Gastfreundschaft und war von solcher Höflichkeit und Ehrerbietung, als ob Engel Gottes bei ihm einkehrten, so daß Franziskus eine große Liebe zu ihm faßte, zumal jener ihn schon auf der Schwelle wie einen Freund umarmte, ihm die Füße wusch, sie trocknete und voller Demut küßte, ein wärmendes Feuer annachte, den Tisch mit vielen guten Speisen deckte und während

des Essens nicht aufhörte, sich in frohherzigem Gehaben um ihn zu sorgen. Als Franziskus und sein Begleiter gespeist hatten, sagte der edle Gastgeber:

«Hier, mein Vater, verfüge über mich und mein Vermögen. Wann immer ihr je einen Rock, einen Mantel oder sonst irgend etwas benötigt, kauft, und ich werde bezahlen! Wißt, daß ich bereit bin, euch mit allem Notwendigen zu versehen, weil ich es durch den Segen Gottes vermag, denn ich habe Überfluß an allen zeitlichen Gütern. Aus Liebe zu Gott, der sie mir verliehen hat, tue ich seinen Armen gern Gutes!»

Ob so großen Wohlwollens und der Liebenswürdigkeit, die sich in diesem großzügigen Anerbieten offensichtlich bekundeten, faßte Franziskus solche Liebe zu seinem Gastgeber, daß er beim Weggehen zu seinem Begleiter sagte:

«Wahrlich, dieser Edelmann wäre wertvoll für unsere Gefährten und unsere Brüderschaft, denn er ist so dankerfüllt und einsichtig gegen Gott und so liebevoll und wohlwollend gegen die Mitmenschen und gegen die Armen. Wisse, geliebter Bruder, daß das Wohlwollen eine der Eigenschaften Gottes ist, der aus Wohlwollen über Gerechte und Ungerechte seine Sonne scheinen und seinen Regen tropfen läßt. Und das Wohlwollen ist der Liebe verschwistert, Wohlwollen löscht den Haß aus und schützt die Liebe. Weil ich sehe, daß diesem guten Menschen eine solche von Gott stammende Vollkommenheit innewohnt, möchte ich ihn gerne zum Gefährten haben. Deshalb will ich eines Tages wieder bei ihm einkehren, vielleicht wird Gott indessen sein Herz gerührt haben, damit er sich im Dienste Gottes zu uns gesellen möge. Inzwischen laß uns Gott bitten, ihm dieses Sehnen in seinem Herzen zu erwecken und ihm die Kraft zu verleihen, es in die Tat umzusetzen.»

Und nun geschah etwas Wunderbares: Wenige Tage nach dem Gebet des Heiligen Franziskus erweckte Gott dieses Verlangen im Herzen des Edelmannes. Franziskus aber sprach zu seinem Gefährten:

«Bruder, laß uns den Edelmann aufsuchen, denn meine feste

Hoffnung steht bei Gott, daß er mit demselben Wohlwollen, mit dem er seine zeitlichen Güter hingibt, auch sich selbst hergibt und unser Gefährte wird.»

Sie machten sich auf den Weg, und als sie sich dem Hause des Edelmannes näherten, sagte Franziskus zu seinem Gefährten:

«Warte ein wenig auf mich, ich will zuerst Gott bitten und sehen, ob sich unser Gang lohnt und Jesus Christus einwilligt, daß die edle Beute, die wir der Welt entreißen wollen, uns Armen und Schwachen um seines hochheiligen Leidens und Sterbens willen überlassen wird.»

Nach diesen Worten kniete er an einer Stelle zum Gebete nieder, wo er vom Edelmann gesehen werden konnte. Dieser schaute denn auch – da es so Gottes Willen entsprach – in die Gegend und gewahrte den Heiligen Franziskus, in tiefster Ehrfurcht vor Christus betend, der ihm während des Gebets in großem Glanze erschienen war und nun vor ihm stand. Und er sah weiter, wie Franziskus in seiner Andacht leiblich in einigem Abstand über der Erde schwebte. Darob wurde er vom Geiste Gottes erfüllt und faßte den Gedanken, die Welt zu verlassen; er stürzte aus seinem Palast und lief entbrannten Geistes zu Bruder Franziskus hin. Als er den immer noch im Gebet Versunkenen erreichte, warf er sich ihm zu Füßen und bat ihn innig und ehrfürchtig, er möge die Güte haben, ihn aufzunehmen, damit er in seiner Gemeinschaft das Leben ändern könne.

Da der Heilige Franziskus sah, daß sein Gebet von Gott erhört wurde und der Edelmann selbst danach verlangte, was er, Franziskus, gewünscht hatte, erhob er sich, und mit inbrünstiger, jubelnder Seele umarmte und küßte er ihn und dankte frommen Sinnes Gott, daß er seiner Brüderschaft einen solchen Ritter habe zureifen lassen.

Jener Edelmann richtete nun an den Heiligen Franziskus das Wort: «Was befiehlt mein Vater, daß ich tun soll? Siehe, ich bin bereit, dein Gebot zu erfüllen und alles, was ich besitze, unter die Armen zu verteilen und ledig aller vergänglichen Dinge mit dir zusammen Christus nachzufolgen.»

Er verwirklichte den Rat des Heiligen Franziskus: Er gab das
Seine den Armen, trat in die Brüderschaft ein und führte voll
Bußgesinnung ein vorbildlich gotterfülltes Leben.

DIE RETTUNG DES BRUDERS ELIAS

38 Als einst der Heilige Franziskus, umgeben von seiner
Brüderfamilie, zusammen mit Bruder Elias in einer
Niederlassung weilte, wurde ihm von Gott geoffenbart, daß
Bruder Elias verloren sei, von der Brüderschaft abfallen und zu-
letzt außerhalb des Ordens sterben werde. Deshalb überkam
den Heiligen Franziskus eine solche Abneigung gegenüber Bruder Elias, daß er mit ihm nicht mehr redete und ihm aus dem
Wege ging. Und wenn es manchmal geschah, daß Bruder Elias
ihm des Weges entgegenkam, bog er vom Wege ab und ging in
anderer Richtung, um ihm nicht zu begegnen.

Bruder Elias entging dies nicht, und er mußte sich eingestehen, daß der Heilige Franziskus einen Widerwillen gegen ihn
hatte. Da er die Ursache erfahren wollte, ging er eines Tages auf
ihn zu, um mit ihm zu sprechen. Der Heilige Franziskus suchte
ihm auszuweichen, doch höflich, aber entschieden versperrte
Bruder Elias ihm den Weg und bat ihn bescheiden, er möge
doch, wenn er könne, ihm den Grund eröffnen, um dessentwil-
len er ihn meide und das Wort nicht mehr an ihn richte. Der
Heilige Franziskus antwortete:

«Der Grund ist der: Gott hat mir geoffenbart, daß du wegen
deiner Sünden von der Brüderschaft abfallen und außerhalb des
Ordens sterben wirst. Auch hat Gott mich wissen lassen, daß du
verdammt bist.»

Als Bruder Elias diese Rede hörte, sagte er:

«Mein verehrungswürdiger Vater, ich bitte dich um Jesus
Christi Liebe willen, mich deswegen nicht zu meiden, noch von
dir zu jagen, sondern wie ein guter Hirte nach dem Beispiel
Christi das Schäflein zu suchen und es heimzubringen, das verlo-
renginge, wenn du ihm nicht hülfest. Halte Fürsprache bei Gott

102

für mich, damit er, wenn es möglich ist, das Urteil, das mich verdammt, zurücknimmt. Denn es steht geschrieben, daß Gott seinen Urteilsspruch ändert, wenn der Schuldige sein Vergehen sühnt. Ich habe solches Vertrauen zu deiner Fürbitte, daß ich mitten in der Hölle ein wenig Linderung spüren würde, wenn du für mich zu Gott betetest. Deshalb bitte ich dich nochmals, mich, den Sünder, Gott zu empfehlen, auf daß er, der gekommen ist, die Schuldigen zu erlösen, mich in sein Erbarmen aufnehme.»

Diese Worte sprach Bruder Elias weinend und voller Hingabe, so daß ihm der Heilige Franziskus als mitleidiger Vater versprach, bei Gott Fürsprache einzulegen, was er auch tat.

Als er nun inbrünstig für ihn zu Gott flehte, wurde ihm geoffenbart, daß sein Gebet von Gott erhört sei und Bruder Elias nicht verdammt würde; wohl aber werde er aus der Bruderschaft austreten und außerhalb des Ordens sterben. Und so geschah es auch:

Als nämlich König Friedrich von Sizilien gegen die Kirche rebellierte und er, der König, seine Ratgeber und Helfer mit dem Kirchenbann belegt wurden, gesellte sich Bruder Elias, der als einer der weisesten Männer der Welt galt, auf Aufforderung hin dem König Friedrich zu und wurde ein Empörer gegen die Kirche und ein Abtrünniger seines Ordens. Darum tat ihn der Papst in den Bann und sprach ihm das Kleid des Heiligen Franziskus ab.

In dieser Zeit, da er mit dem Bann belegt war, erkrankte er schwer. Einer seiner leiblichen Brüder, der dem Orden als Laienbruder die Treue hielt und einen guten, ehrsamen Lebenswandel führte, hörte davon und ging hin, ihn zu besuchen, wobei er ihm unter anderem also zuredete:

«Mein allerliebster Bruder, mich schmerzt es tief, daß du, von der Kirche in den Bann gestoßen, außerhalb des Ordens lebst und in diesem Zustande sterben sollst. Wenn du aber eine Möglichkeit siehst, wie ich dich aus diesem gefahrvollen Zustand befreien könnte, so nehme ich gerne jede Mühe und jedes Opfer auf mich.»

Bruder Elias antwortete:

«Mein Lieber, ich sehe keinen andern Ausweg als den, daß du zum Papst gehst und ihn bittest, er möge um der Liebe Gottes und seines Knechtes Franziskus willen, wegen dessen Predigt ich die Welt verlassen habe, mich vom Banne lösen und mir das Kleid der franziskanischen Bruderschaft zurückgeben.»

Sein Bruder gab zur Antwort, daß er seines Heiles wegen gerne diesen Gang mache. Er brach auf, ging zum Papst, warf sich zu seinen Füßen hin und bat ihn mit demütigen Worten, er möchte um der Liebe Christi und seines Knechtes, des Heiligen Franziskus willen seinen Bruder begnadigen.

Da es Gottes Wille war, gab ihm der Papst den Auftrag, zurückzukehren und, wenn er den Bruder Elias noch lebend vorfinde, solle er ihn in seinem Namen vom Banne lossprechen und ihm das Ordenskleid wiederum überziehen.

Freudig machte er sich auf den Weg und kehrte eilends zu Bruder Elias zurück, den er zwar noch lebend, aber bereits mit dem Tode ringend vorfand. Er löste ihn vom Bann, und als er ihm das Ordenskleid wiederum anzog, schied Bruder Elias aus diesem Leben. Seine Seele wurde durch die Verdienste des Heiligen Franziskus und durch seine Fürsprache, auf die Bruder Elias so große Hoffnung gesetzt hatte, gerettet.

DAS NEUE PFINGSTWUNDER

39 Das wunderbare Gefäß des Heiligen Geistes, der Herr Heilige Antonius von Padua, einer der auserwählten Jünger und Gefährten des Heiligen Franziskus, der ihn seinen Statthalter zu nennen pflegte, predigte einmal während eines Konsistoriums vor dem Papst und den Kardinälen. Männer aus den verschiedensten Nationen waren zu diesem Konsistorium zusammengetreten, Griechen, Lateiner, Franzosen, Deutsche, Slawen, Engländer und noch Vertreter aus andern Völkerschaften des Erdkreises. Entflammt vom Heiligen Geiste, legte der Heilige Antonius das Wort Gottes so wirkungsvoll, so frommen Sinnes, in solch geistiger Zartheit und voller Süße, gepaart mit Klarheit und Einsicht, dar, daß die Zuhörer mit ihren verschiedenen Muttersprachen alle seine Worte so verstanden, als ob er in der Sprache eines jeden einzelnen von ihnen geredet hätte.

Staunen ergriff alle und ihnen schien, jenes alte Wunder der ersten Pfingstzeit hätte sich erneuert, als die Apostel durch die Kraft des Heiligen Geistes in allen Sprachen redeten. Und einer sprach zum andern: «Ist der Prediger nicht aus Spanien? Und wie geschieht es, daß ihn jeder von uns in der Sprache seiner Heimat sprechen hört?»

Desgleichen sagte auch der Papst, der sich die Tiefe der Predigtworte zu Herzen nahm und von Staunen ergriffen wurde: «Wahrlich, dieser ist die Arche der Überlieferung und die Rüstkammer der Heiligen Schrift.»

DIE FISCHPREDIGT DES HEILIGEN ANTONIUS

40 Es war Absicht Christi, des Gesegneten, die innige Gottverbundenheit seines urgetreuen Knechtes, des Heiligen Antonius, offenbar zu machen und darzutun, welch frommes Werk es sei, seiner Predigt zu lauschen und seine gotterfüllte Belehrung hinzunehmen: darum stellte er bei einer Gelegenheit die Torheit der treulosen Ketzer durch unvernünftige Tiere – nämlich Fische – bloß, wie er seinerzeit im Alten Bund durch den Mund der Eselin die Dummheit Bileams bloßgestellt hatte.

Als der Heilige Antonius einmal in Rimini weilte, wo eine große Anzahl Ketzer lebten, wollte er diese zum wahren Licht, auf den Weg des Glaubens zurückführen. Er predigte ihnen mehrere Tage lang und führte mit ihnen Wechselgespräche über den christlichen Glauben und die Heilige Schrift. Sie aber nahmen den Inhalt seiner gotterfüllten Worte nicht an, sondern weigerten sich überdies, verhärtet und verstockt wie sie waren, ihn überhaupt anzuhören.

Einer Eingebung Gottes folgend, ging darum der Heilige

Antonius eines Tages in die Nähe einer Flußmündung. Als er dort am Ufer zwischen Meer und Fluß stand, begann er, nach Art einer Predigt, im Namen Gottes an die Fische das Wort zu richten:

«Höret Gottes Wort, ihr Fische des Meeres und des Flusses, da die treulosen Ketzer es nicht vernehmen wollen!»

Kaum hatte er diese Worte ausgesprochen, drängten sich Fische in solcher Zahl und von jeglicher Größe ans Ufer, wie man sie weder in jener Meeresgegend noch in jenem Fluß je sah. Alle reckten ihre Köpfe zum Wasser heraus und richteten ihre Aufmerksamkeit auf das Antlitz des Heiligen Antonius. Unter ihnen herrschte ein einziger Friede, eine sanfte Eintracht und eine ihr entsprechende Ordnung: Die kleinen Fische hatten ihren Platz ganz nahe am Ufer, hinter ihnen scharten sich die mittelgroßen und weiter draußen, wo das Wasser tiefer war, sammelten sich die großen Fische.

Als sie nun richtig geordnet und eingereiht waren, richtete der Heilige Antonius an sie eine feierliche Predigt und begann also:

«Meine Brüder Fische, ihr seid gehalten, so gut ihr es vermögt, eurem Schöpfer tief zu danken, weil er euch ein so edles Element als Wohnung zugewiesen hat. Ganz nach eurem Belieben habt ihr süße Wasser und salzige. Viele Schlupfwinkel hat er euch gegeben, den Stürmen zu entgehen, klar und durchsichtig hat er euren Lebensraum gemacht, und Nahrung findet ihr, die euer Leben erhält. Als Gott, euer wohlwollender und gütiger Schöpfer, euch schuf, hieß er euch wachsen und vermehren und gab euch seinen Segen. Als dann die Sintflut kam und alle Lebewesen sterben mußten, hat Gott einzig euch vor Schaden bewahrt. Er gab euch Flossen, zu schwimmen, wohin immer es euch gefällt. Auf seinen Befehl kam es euch zu, den Propheten Jonas zu bergen und nach drei Tagen gesund und heil ans Ufer zu werfen. Ihr habt unserem Herrn Jesus Christus den Zinsgroschen verschafft, der als ein Armer nichts besaß, mit dem er hätte zahlen können. Ihr dientet dem ewigen König Jesus Christus als Nahrung vor seiner Auferstehung und auch danach – durch ein unvergleichliches

106

Geheimnis. Um all dieser Dinge willen habt ihr wahrlich großen Anlaß, Gott zu loben und zu preisen, der euch mehr als jede andere Kreatur mit so vielen und reichlichen Wohltaten überhäufte!»

Bei diesen und ähnlichen Worten und Belehrungen des Heiligen Antonius öffneten die Fische ihren Mund und neigten ihre Köpfe, um mit diesen und andern Bezeugungen der Ehrfurcht, so gut sie konnten, Gott zu loben.

Als nun der Heilige Antonius die Fische Gott, ihrem Schöpfer, soviel Ehrfurcht beweisen sah, wurde seine Seele von Freude ergriffen, und er rief mit lauter Stimme:

«Hochgelobt sei der ewige Gott, den die Fische des Wassers höher ehren als die Menschen in ihrem Ketzerwahn und auf dessen Worte die vernunftlosen Tiere besser hören als die treulosen Menschen!»

Je länger der Heilige Antonius predigte, um so mehr nahm die Menge der Fische zu, und keiner schwamm weg vom Platz, der ihm zukam.

Während dieses Wunders kam das Volk aus der Stadt herbeigelaufen, und mit ihm auch die obenerwähnten Ketzer. Als diese das staunenerregende und offenkundige Wunder sahen, füllte sich ihr Herz mit Reue, und sie warfen sich alle dem Heiligen Antonius zu Füßen, um seine Botschaft zu hören.

Da hob der Heilige Antonius an, vom katholischen Glauben zu predigen, und er predigte so erhaben, daß alle jene Ketzer sich bekehrten und sich wieder dem wahren Glauben Christi zuwandten. Alle Anwesenden ergriff eine große Freude, und ihr Glaube wurde stark.

Darnach verabschiedete der Heilige Antonius mit dem Segen Gottes die Fische. Sie schwammen wundersam drollig und fröhlich von dannen, und das Volk verlief sich.

Der Heilige Antonius blieb noch einige Tage in Rimini, predigte und brachte an Seelen eine reiche geistige Ernte ein.

BRUDER SIMON

41 In der Frühzeit des Ordens, da der Heilige Franziskus noch lebte, trat ein Jüngling aus Assisi in die Brüderschaft ein. Sein Name war Bruder Simon. Von Gott mit großen Seelengaben beschenkt und ausgestattet, konnte er seinen Geist erheben und in Gott versenken. Sein Leben war ein Spiegel gotterfüllten Wandelns, wie ich es von denen vernommen habe, die lange Zeit in seiner Umgebung lebten. Nur selten wurde er außerhalb seiner Zelle gesehen, und wenn er je unter seinen Brüdern weilte, sprach er immer von Gott. Er hatte niemals Schulen besucht. Trotzdem sprach er so gedankentief und so geistesgewaltig über Gott und die Liebe Christi, daß seine Worte aus einer übernatürlichen Welt zu stammen schienen.

Eines Abends war er mit Bruder Jakobus von Massa in den Wald gegangen, um mit ihm über Gott zu sprechen; in der Wonne des Gesprächs über die göttliche Liebe verbrachten sie die ganze Nacht, und am Morgen erschien ihnen die Nacht wie eine kurze Spanne Zeit – wenigstens hat es mir Bruder Jakobus so erzählt.

Die geistigen Liebeserleuchtungen Gottes erfüllten die Seele des Bruders Simon mit solcher Seligkeit und Wonne, daß er sich oft aufs Bett legte, wenn er sie nahen fühlte, weil der Heilige Geist mit seiner Milde und Sanftheit nach Seelen voller Liebe und Körpern voller Stille verlangte. So war denn Bruder Simon durch solche himmlischen Heimsuchungen oft zu Gott entrückt. Sein Leib und seine Sinne waren in diesen Stunden gegen Eindrücke der Außenwelt völlig empfindungslos.

Als er einst derart unempfindlich in Gott entrückt war und sein Inneres ganz von göttlicher Liebe brannte, wollte ein Bruder Gewißheit haben, ob wahr sei, was so schiene, ging hin, nahm eine glühende Kohle und legte sie ihm auf den nackten Fuß. Bruder Simon aber spürte nichts, und kein Brandmal blieb auf seinem Fuß zurück, obwohl die Kohle so lange liegenblieb, bis sie ausgeglüht war.

Wenn Bruder Simon sich zu Tische setzte, nahm er vor der

leiblichen Speise erst die geistliche zu sich und teilte andern davon aus, indem er von Gott sprach.

Seine gottinnige Rede war einst der Anlaß für einen adligen und feingliedrigen Jüngling aus San Severino, seinem bis dahin eitlen und weltsüchtigen Lebenswandel zu entsagen; Bruder Simon nahm ihn in den Orden auf, hielt aber seine Weltkleider bei sich in Verwahrung und benutzte den täglichen Umgang mit ihm, um ihn mit der Ordenssatzung vertraut zu machen. Doch der Dämon, der danach trachtet, alles Gute zu hindern, setzte seinem Fleische mit solchem Stachel zu und weckte in ihm ein so brennendes Verlangen, daß er keinen Widerstand mehr leisten konnte, sich darum zu Bruder Simon begab und ihm sagte:

«Gib mir meine Kleider zurück, die ich aus der Welt draußen mitbrachte, denn ich kann der Lust des Fleisches nicht mehr widerstehen.»

Bruder Simon empfand großes Mitleid mit ihm und antwortete: «Setze dich eine Weile her zu mir, mein Sohn!»

Und er begann ihm auf solche Art von Gott zu erzählen, daß die Versuchung von ihm abließ. Aber nach kurzer Zeit kehrte sie wieder, und er bat von neuem um seine Kleider. Doch die Gottgespräche des Bruders Simon halfen, sie wiederum zu vertreiben.

Nachdem sich dieser Vorgang mehrere Male wiederholt hatte, wurde eines Nachts die Versuchung übermächtig wie nie zuvor. Um nichts in der Welt vermochte er gegen sie anzukämpfen und ging deshalb zu Bruder Simon, um endgültig von ihm seine Kleider zurückzufordern. Unter keiner Bedingung wollte er länger im Kloster bleiben.

Bruder Simon hieß ihn, wie gewohnt, sich an seine Seite zu setzen. Während er seine Seele auf Gott zu lenken versuchte, ließ der Jüngling vor Schwermut und Traurigkeit sein Haupt in Bruder Simons Schoß fallen. Voll innigen Mitleids richtete dieser sein Antlitz gegen den Himmel, fing an zu beten, flehte bei Gott um Hilfe für diesen Jüngling, fiel in Entzückung, und sein Gebet wurde erhört. Als er wieder zu sich kam, fühlte sich der Jüngling frei von jener Versuchung, als ob er sie nie gespürt hätte: Weil er in den Strahlenkreis einer feurigen Kohle – so muß man Bruder Simon nennen – getreten war, hatte sich die Glut des Fleisches in die Glut des Heiligen Geistes verwandelt.

Das Feuer der Liebe zu Gott und den Mitmenschen eines Bruders Simon war so gewaltig, daß er einmal, als man einen schlimmen Übeltäter festgenommen hatte, dem als Strafe beide Augen ausgerissen werden sollten, von Mitleid getrieben, kühn entschlossen vor den Richter trat und ihn vor der ganzen Gerichtsversammlung unter vielen Tränen und innigen Bitten ersuchte, es möge doch ihm ein Auge ausgerissen werden und dafür dem Verurteilten nur eines, damit dieser nicht beider beraubt würde. Als der Richter und seine Räte die große Glut der Liebe dieses Bruders sahen, ließen sie Gnade walten – für den einen wie für den andern.

Eines Tages weilte Bruder Simon betend im Walde. Großer Friede erfüllte seine Seele. Eine Schar von Krähen aber störte mit ihrem Krächzen seine Ruhe. Deshalb befahl er ihnen im Namen Jesu, wegzufliegen und nicht mehr zurückzukehren. Die Vögel verließen sogleich den Ort und wurden seitdem dort weder gesehen noch gehört, auch nicht im weiteren Umkreis. Dieses Wunder wurde landauf, landab bekannt im Gebiet von Fermo, zu dem der Ort gehört, von dem hier die Rede ist.

DIE STERNE DER MARK ANCONA

42 Wie der Himmel mit Sternen, war von alters her die Provinz Mark Ancona geschmückt mit heiligen und des Vorbilds würdigen Brüdern, die, Himmelslichtern gleich, den Orden des Heiligen Franziskus und die Welt durch ihr Beispiel und ihr Wort zierten und erleuchteten.

Andern voran ist Bruder Lucido, der Alte, zu nennen, dessen Gotterfülltheit aus seinem ganzen Wesen strahlte und der wahrhaftig in göttlicher Liebe brannte. Seine ruhmreiche, vom Heili-

gen Geiste geführte Zunge erntete durch ihre Predigten die Seelen auf wunderbare Weise.

Dann ist Bruder Bentivoglia von San Severino zu nennen: Bruder Masseo war Zeuge, wie er einst, da er im Walde betete, hoch
in die Luft gehoben wurde. Dieses Wunders wegen gab Bruder
Masseo, der damals Pfarrer war, seine Pfründe auf und wurde
Minderer Bruder. Sein Leben war von solcher Gottesfülle, daß
er zu Lebzeiten und nach seinem Tode viele Wunder wirkte. In
Murro liegt sein Leib begraben.

Der eben erwähnte Bruder Bentivoglia wohnte eine gewisse Zeit allein in Travi Bonanti, wo er für einen Aussätzigen
sorgte und ihn pflegte. Da bekam er vom Vertreter des Bischofs den Befehl, von hier wegzugehen und sich an einem
andern, fünfzehn Meilen entfernten Ort niederzulassen. Er
wollte aber den Aussätzigen nicht im Stich lassen und hob ihn
deshalb im großen Eifer seiner Liebe vom Krankenlager, setzte ihn sich auf die Schultern und trug ihn in der Zeit zwischen
Morgenröte und Sonnenaufgang jene fünfzehn Meilen weit
zu seinem neuen Aufenthaltsort, der Monte Sancino hieß. Wäre
er ein Adler gewesen, er hätte jene Strecke nicht in so kurzer
Zeit durchfliegen können. Großes Staunen und mächtige Bewunderung erfüllten ob dieses göttlichen Eingreifens das ganze
Land.

Ferner ist zu erinnern an Bruder Peter von Monticello. Während er in der Kirche vor einem Kruzifix betete, geschah es, daß
er fünf oder sechs Ellen über die Erde bis zu den Füßen des
Gekreuzigten erhoben wurde; dessen wurde Bruder Servodio
Zeuge, damals Guardian im Alten Kloster von Ancona. Als ein
anderes Mal dieser Bruder Peter zu Ehren des heiligen
Erzengels Michael Fasten hielt und den letzten Tag seiner Fastenzeit in der Kirche mit einem Gebet beschloß, hörte ein junger
Bruder, der sich unter dem Hochaltar in der Absicht verborgen hielt, um irgendeine Äußerung der Gotteserfülltheit des
Mitbruders wahrzunehmen, wie er ein Gespräch mit dem
heiligen Erzengel Michael führte. So wurde er vom Erzengel
angesprochen:

«Bruder Peter, du hast, mich zu ehren, dich getreulich angestrengt und auf vielerlei Weise deinen Leib kasteit. Siehe, ich bin gekommen, es dir leichter zu machen. Verlange darum irgendeine beliebige Gnade, ich will sie dir von Gott erwirken!»

Bruder Peter antwortete: «Hochheiliger Fürst der himmlischen Heerscharen und getreuester Eiferer der göttlichen Liebe, du mitleidsvoller Beschützer der Seelen, ich bitte dich um die Gnade, mir bei Gott die Vergebung meiner Sünden zu erwirken!»

Darauf gab der heilige Michael zur Antwort: «Fordere eine andere Gnade, denn diese erwirke ich mühelos!»

Aber Bruder Peter bat um nichts anderes, und der Erzengel sagte zum Schluß:

«Der Treue und Hingebung wegen, die du gegen mich hegst, werde ich dir diese Gnade, um die du mich gebeten, und dazu noch viele andere verschaffen!»

Nach Beendigung des Gesprächs, das lange gedauert hatte, verschwand der Erzengel Michael und ließ den Bruder voll Herzensfrieden zurück.

Zu gleicher Zeit wie der heilige Bruder Peter lebte auch der heilige Bruder Konrad von Offida. Er zählte zur Brüderfamilie von Forano, in der Gemarkung der Stadt Ancona. Dieser Bruder Konrad wanderte eines Tages, sich in Gott zu versenken, durch einen Wald. Bruder Peter schlich ihm heimlich nach, um zuzusehen, was ihm dort begegnen würde.

Bruder Konrad begann zu beten und gar innig und hingebungsvoll die Jungfrau Maria anzuflehen, sie möge bei ihrem hochgepriesenen Sohn die Gnade erwirken, ihn ein wenig von jener Süßigkeit spüren zu lassen, die der heilige Simeon am Tage der Darstellung empfand[1], als er Jesus, den gesegneten Erlöser, in seinen Armen trug.

Und siehe, es erschien im Strahlenkranz des Lichts die Himmelskönigin, ihr hochgepriesenes Kind auf den Armen, trat auf Bruder Konrad zu und legte ihm ihren auserwählten Sohn in die Arme. Er nahm ihn in staunender Ehrfurcht entgegen, umarmte ihn, herzte ihn und drückte ihn an seine Brust. Bru-

[1] Vergleiche Lukasevangelium, Kp. 2, V. 25 ff.

der Konrad glühte auf, verging in göttlicher Liebe und in unsagbarem Glücksgefühl. Auch die Seele des Bruders Peter, der von seinem Versteck aus alles mitansah, erglühte vor grenzenloser Freude.

Als die Jungfrau sich von Bruder Konrad verabschiedete, lief Bruder Peter, um von jenem nicht gesehen zu werden, eilig zum Kloster zurück; als dann Bruder Konrad fröhlich und glückselig eintraf, redete ihn Bruder Peter an:

«O du Himmlischer, großes Segensglück hast du heute erfahren!»

Bruder Konrad antwortete: «Was sprichst du da, Bruder Peter? Und was weißt du von dem, was mir widerfahren ist?»

«Wohl weiß ich es!» entgegnete Bruder Peter, «weiß ich doch, daß dich die Jungfrau Maria mit ihrem auserwählten Sohn besucht hat.»

Da bat ihn Bruder Konrad, der in seiner wahrhaftigen Demut wünschte, unauffällig in der Gnade Gottes zu stehen, er möge niemandem davon erzählen. So innig wurde seitdem ihre Liebe zueinander, daß es bei jeder Gelegenheit schien, sie seien eines Herzens und einer Seele.

Als der nämliche Bruder Konrad einstmals in der Ortschaft Siruolo mit seinem Gebet, das eine ganze Nacht währte, ein besessenes Weib vom Dämon befreite, flüchtete er, als in der Morgenfrühe ihre Mutter herbeikam. Denn er wollte nicht, daß man ihn entdeckte und das Volk ihn ehrte.

DIE GEBETSKRAFT DES BRUDERS
KONRAD VON OFFIDA

43 Der im vorigen Kapitel erwähnte Bruder Konrad von Offida, dieser bewunderungswürdige Eiferer in der evangelischen Armut und der ursprünglichen Regel des Heiligen Franziskus, führte ein so frommes Leben und stand in so großem Verdienst bei Gott, daß Christus, der Hochgepriesene, ihn im Leben und im Tod mit vielen Wundern ehrte.

Als er einmal im Kloster von Offida weilte, wo er noch fremd war, baten ihn die Brüder, er möge um er Liebe Gottes und der Nächstenliebe willen einem jungen Bruder ins Gewissen reden, der sich in diesem Kloster befand und sich so kindisch, regellos und widerspenstig aufführte, daß er sowohl die jüngeren wie die älteren Mitbrüder der klösterlichen Familie in ihren auf Gott gerichteten Pflichten störte und sich um die Befolgung der Regeln nicht oder nur wenig kümmerte.

Bewogen durch die Bitten der Brüder und aus Mitleid mit diesem jungen Menschen nahm ihn daher Bruder Konrad eines Tages beiseite und redete eindrücklich, gottesfürchtig und voll eifernder Liebe auf ihn ein, so daß der junge Bruder mit göttlichem Zutun von einer Stunde auf die andere sich in seinem kindischen Wesen zu einem reifen Mann wandelte. Er wurde so gehorsam, gütig, dienstfertig, gottesfürchtig, überdies so friedfertig und zuvorkommend und entfaltete ein so eifriges Tugendleben, daß der Ärger der Klosterfamilie in Freude umschlug, alle mit ihm zufrieden waren und ihn herzlich liebgewannen.

Bald nach seiner Wandlung geschah es nach Gottes Gefallen, daß der Jüngling starb. Seine Mitbrüder waren voller Trauer. Wenige Tage nach dem Tod erschien seine Seele dem vor dem Klosteraltar im Gebete weilenden Bruder Konrad und grüßte diesen ehrerbietig wie einen Vater. Bruder Konrad fragte: «Wer bist du?», und die Gestalt antwortete:

«Ich bin die Seele jenes jungen Bruders, der vor einigen Tagen gestorben ist.»

«O mein liebster Sohn, wie steht es nun um dich?» fragte Bruder Konrad weiter. Und als Antwort vernahm er:

«Gut, dank der Gnade Gottes und Eurer Zurechtweisung, denn ich bin nicht in die Hölle verstoßen, erleide aber große Pein im Fegfeuer für gewisse Sünden, von denen ich mich zu reinigen nicht genug Zeit hatte. Darum, Vater, der du mir zu meinen Lebzeiten aus Barmherzigkeit zu Hilfe kamst, bitte ich dich, mir auch jetzt in meiner Not beizustehen, indem du einige Vaterunser für mich sprichst, denn dein Gebet ist Gott genehm.»

Gütig willigte Bruder Konrad ein, seine Bitte zu erfüllen, und als er ein Vaterunser und das Gebet «Herr, gib ihm die ewige Ruhe» gebetet hatte, sagte die Seele:

«O lieber Vater, wie gut tut das! Wie spüre ich Linderung! Ich flehe dich an, bete noch einmal!»

Bruder Konrad tat es, und wie er geendet, sprach die Seele:

«Heiliger Vater, wenn du für mich betest, fühle ich mich ganz erleichtert. Darum bitte ich dich nicht aufzuhören, für mich zu beten.»

Da Bruder Konrad sah, daß dieser Seele mit seinen Gebeten so viel geholfen wurde, betete er für sie hundert Vaterunser, worauf die Seele zu ihm sagte: «Ich danke dir, geliebtester Vater, im Namen Gottes und der barmherzigen Liebe, mit der du mir geholfen hast. Durch dein Gebet bin ich nun befreit von allen Sündenstrafen und gehe ein ins Himmlische Reich.»

Mit diesen Worten verschwand die Seele. Den Brüdern zur Freude und Erbauung erzählte ihnen Bruder Konrad wahrheitsgetreu die ganze Erscheinung. – So fand durch das Verdienst des Bruders Konrad die Seele jenes Jünglings ihren Weg ins Paradies.

VOM FRANZISKANISCHEN MIT-LEIDEN CHRISTI

44 Zu jener Zeit, als sich im Kloster Forano, das in der Mark Ancona liegt, Bruder Konrad und der obenerwähnte Bruder Peter aufhielten – zwei leuchtende Sterne der Märkischen Ordensprovinz, zwei himmlische Menschen und einander in solcher Liebe zugetan, daß es schien, das gleiche Herz und die gleiche Seele verbinde sie –, gaben sie sich das Versprechen, es solle einer dem andern jeglichen Herzenstrost, den er durch Gottes Barmherzigkeit empfange, um der Liebe willen mitteilen.

Nachdem sie diese Verabredung getroffen, geschah es, daß Bruder Peter eines Tages im Gebet sich vor einem Kreuzigungsbild hingebungsvoll in das Leiden Christi und in die auf dem Bild dargestellten Gestalten versenkte, in die allerheiligste Mutter Christi, in den Lieblingsjünger Johannes den Evangelisten und in den Heiligen Franziskus, die unter dem Kreuz in ihrem Seelenschmerz die Leiden des Gekreuzigten mitlitten. Da kam ihm der Wunsch zu erfahren, wer von den dreien die Schmerzen Christi am innigsten mitempfunden habe, seine Mutter, die ihn geboren, sein Jünger, der an seiner Brust geschlafen, oder der Heilige Franziskus, der mit ihm, als er auf dem Berge La Vernia die Wundmale empfing, gekreuzigt wurde.

Während er über diesen frommen Gedanken nachsann, erschien ihm die Jungfrau Maria, begleitet vom Evangelisten Johannes und dem Heiligen Franziskus. Sie trugen die Gewänder seliger Herrlichkeit. Doch es schien, als sei der Heilige Franziskus kostbarer gekleidet als der heilige Johannes.

Schrecken überkam Bruder Peter ob dieser Erscheinung, doch der heilige Johannes machte ihm Mut und sprach zu ihm:

«Fürchte dich nicht, lieber Bruder, denn wir sind gekommen, deine Fragen zu lösen. Du sollst wissen, daß die Mutter Christi und ich mehr als jedes andere Geschöpf Gottes am Leiden Christi mitgelitten haben. Aber außer uns hat niemand inniger die Leiden mitempfunden als der Heilige Franziskus. Darum siehst du ihn in solche Herrlichkeit gekleidet.»

Darauf fragte ihn Bruder Peter: «Heiligster Apostel Christi, warum schimmert das Gewand des Heiligen Franziskus prächtiger als das deine?»

Der heilige Johannes gab zur Antwort:

«Dies ist der Grund: Als er noch auf Erden war, trug er geringere Kleidung als ich.»

Mit diesen Worten reichte der heilige Johannes dem Bruder Peter ein himmlisches Gewand, das er in der Hand hielt, und fuhr fort: «Nimm dieses Gewand, das ich dir als Geschenk mitgebracht habe!»

Der heilige Johannes wollte ihm das Gewand überziehen, doch Bruder Peter fiel darüber vor Schreck zu Boden und rief: «Bruder Konrad, liebster Bruder Konrad, steh mir bei! Komm und schaue wunderbare Dinge!»

116

Und unter diesen heiligen Worten verschwand die himmlische Erscheinung.

Als dann Bruder Konrad herbeikam, erzählte er ihm, wie sich alles zugetragen hatte, und dankend priesen sie Gott.

WARTEN AUF CHRISTUS

45 Als Bruder Johannes von Penna noch ein Kind war und in der Mark Ancona in die Schule ging, erschien ihm eines Nachts ein wunderschönes Kind, das ihm die Worte zurief:

«Johannes, begib dich nach San Stefano, wo einer meiner Minderen Brüder predigt, glaube seiner Predigt und halte dich an seine Worte, denn ich habe ihn ausgesandt. Später hast du eine große Reise zu machen, die dich zu mir führen wird.»

Johannes erhob sich sogleich und spürte eine große Wandlung in seiner Seele. Er begab sich nach San Stefano und traf eine riesige Menschenmenge an, die auf die Predigt wartete. Derjenige, der predigen sollte, war ein Bruder Philipp, der mit den ersten Brüdern in die Mark Ancona gekommen war, als [wie es in einer Ordenschronik heißt] «noch wenige Orte der Mark in Besitz genommen waren». Jener Bruder Philipp stieg nun auf die Kanzel und predigte gottesinnig. Nicht mit Worten der menschlichen Wissenschaft, sondern in der Kraft des Geistes Christi verkündete er das Reich des ewigen Lebens.

Nach Schluß der Predigt näherte sich jenes Kind dem Bruder Philipp und sagte:

«Vater, wenn Ihr einverstanden seid, mich in den Orden aufzunehmen, werde ich gern ein bußeifriges Leben führen und unserem Herrn Jesus Christus dienen.»

Da Bruder Philipp in diesem Kind eine wunderbar unschuldige Welt und die Bereitschaft, Gott zu dienen, erkannte, sagte er zu ihm: «Du wirst an einem bestimmten Tage zu mir nach Recanati kommen, wo ich dich aufnehmen lasse!»

117

An jenem Orte sollte nämlich das Provinzkapitel zusammentreten.

In seiner großen Unschuld nahm der Knabe an, daß dies gemäß der ihm zuteil gewordenen Offenbarung die große Wanderung bedeute, die er unternehmen müßte, um hernach ins Paradies einzugehen. Und er war im Glauben, dies werde gleich geschehen, sobald er in den Orden aufgenommen sei. Er ging also hin und wurde aufgenommen: und er mußte erleben, daß sich seine Erwartung nicht erfüllte.

Da während des Kapitels der Ordensminister erklärt hatte, er werde jedem gerne Urlaub geben, der, seinen heiligen Gehorsam zu mehren, nach der Provence gehen wolle, überkam ihn großes Verlangen, dies zu tun, denn er sagte sich in seinem Herzen, daß wohl dies die große Wanderung sei, die er machen müßte, bevor er ins Paradies gelange. Da er sich aber schämte, dies offen zu gestehen, vertraute er sich schließlich Bruder Philipp an, der ihn in den Orden aufgenommen hatte, und bat ihn liebevoll, er möge ihm dabei helfen. Bruder Philipp, beeindruckt von dieser Reinheit und frommen Absicht, erwirkte ihm die Erlaubnis.

Freudvoll machte sich Bruder Johannes auf den Weg, beflügelt von der Vorstellung, daß sich ihm am Ziel der Reise das Paradies eröffnen werde. Aber es gefiel Gott, ihn in jener Provinz fünfundzwanzig lange Jahre in Hoffen und Sehnen zubringen zu lassen. Dabei führte er ein in Ehrfurcht und Gottesverbundenheit vorbildliches Leben, nahm ständig an Kraft und Gnaden vor Gott und den Menschen zu und wurde von seinen Mitbrüdern und dem Volk innig geliebt.

Als nun eines Tages dieser Bruder Johannes hingebungsvoll betete und dabei unter Tränen klagte, daß seine Sehnsucht sich immer noch nicht erfüllt und die Pilgerschaft durch dieses Leben schon allzulange gedauert habe, erschien ihm Christus, der Hochgepriesene, bei dessen Anblick seine Seele ganz frei wurde, und sagte zu ihm: «Bruder Johannes, mein Sohn, erbitte von mir, was immer du willst!»

Und er antwortete: «Mein Herr, ich wüßte nichts anderes von dir zu erflehen als dich selbst, denn ich begehre nach nichts anderem. Doch um eines bitte ich dich: Vergib mir all meine Sünden und gewähre mir die Gnade, dich einmal erschauen zu dürfen, wenn ich in größter Not deiner bedarf!»

Jesus antwortete:

«Deine Bitte sei gewährt!»

Mit diesen Worten verschwand er, und Herzensfriede überkam den Bruder Johannes.

Schließlich war der Ruf seines gottinnigen Lebens auch zu den Brüdern in der Mark Ancona gedrungen, die nun den Ordensgeneral so lange bestürmten, bis er Bruder Johannes den Befehl gab, in die Mark zurückzukehren. Kaum hatte ihn dieses Gebot erreicht, machte er sich frohen Herzens auf den Weg, da er sich vom Gedanken leiten ließ, nach Beendigung dieser Reise werde er in den Himmel eingehen, wie Christus es ihm einst versprochen.

Nach seiner Rückkehr in die Mark, wo er von niemandem aus seiner Verwandtschaft erkannt wurde, lebte er noch dreißig Jahre und erwartete jeden Tag von der Barmherzigkeit Gottes die Erfüllung des gegebenen Versprechens.

Während dieser Jahre versah er einige Male, da er sich besonders eignete, das Amt des Guardians, und Gott wirkte durch ihn viele Wunder.

Unter anderen Gaben, die Gott ihm verlieh, besaß er den prophetischen Geist: Als er sich einst auf einem Gang außerhalb des Klosters befand, wurde einer seiner Novizen vom Dämon angefochten, geriet in eine solche Bedrängnis, daß er der Versuchung nachgab und beschloß, das Kloster zu verlassen, sobald Bruder Johannes von draußen zurückgekehrt sei. In seinem prophetischen Geist hatte Bruder Johannes dies alles, die Bedrängnis und den Entschluß, erahnt, kehrte eilends zurück, rief den Novizen zu sich und hieß ihn beichten. Doch bevor er ihm die Beichte abnahm, schilderte er ihm genau den Hergang der Versuchung, den er durch Gott erschaut hatte, und schloß mit den Worten:

«Mein Sohn, weil du auf mich gewartet hast und nicht ohne meinen Segen die Stätte hier verlassen wolltest, hat Gott dir die Gnade geschenkt, niemals außerhalb, sondern immer innerhalb des Ordens dein Leben zuzubringen, um dereinst im Stande der göttlichen Gnade sterben zu können.»

Zu dieser Stunde empfing der Novize Kraft im guten Willen und wurde ein heiligmäßiger Bruder, wie mir dies und alles andere Bruder Hugo berichtete.

Jener Bruder Johannes, heiteren und friedvollen Gemüts, war schweigsam, groß hingegen in seinem Gebet und in seiner Frömmigkeit, und er kehrte nach dem Frühgebet nie in seine Zelle zurück, sondern blieb bis zum vollen Tagesanbruch betend in der Kirche. Da er einst nach dem Frühgebet, als es noch dunkel war, weiterbetete, erschien ihm ein Engel Gottes und richtete an ihn die Worte:

«Deine Lebenswanderung steht vor dem Endziel, nach dem du dich all die Zeit gesehnt hast. Deshalb künde ich dir im Auftrage Gottes, du mögest dir eine beliebige Gnade erbitten. Ferner soll ich dir sagen, daß du nach deinem Willen wählen kannst zwischen einem Tag Fegfeuer oder sieben Tagen Leiden auf dieser Welt.»

Da sich Bruder Johannes lieber für sieben Leidenstage auf dieser Welt entschied, befielen ihn zur Stunde allerhand Krankheiten: hohes Fieber, Gichtschmerzen an Händen und Füßen, Stechen in der Seite und viele andere Übel. Am meisten setzte ihm aber zu, daß ein Dämon vor ihm erschien und ein großes Blatt in der Hand hielt, darauf all seine Sünden, deren er sich je in Werken oder Gedanken schuldig gemacht, verzeichnet waren. Und der Dämon höhnte:

«Durch diese deine Sünden und Gedanken, Worten und Werken bist du verdammt in die Tiefen der Hölle!»

Er vermochte sich keiner guten Tat seines Lebens zu erinnern und hatte vergessen, daß er im Orden war oder je dazugehörte. Er dachte nur an seine Verdammnis, die der Dämon ihm vorhielt.

Wenn er gefragt wurde, wie es um ihn stehe, stöhnte er: «Schlecht, denn ich bin verdammt!»

Als die Brüder solche Rede hörten, ließen sie einen alten Bruder kommen – Bruder Matthäus von Monte Rubiano war sein Name –, der im Ruf der Heiligkeit stand und mit Bruder

Johannes innig befreundet war. Am siebten Tage jener Drangsal traf Bruder Matthäus ein, begrüßte Bruder Johannes und erkundigte sich, wie es ihm gehe. Schlecht, lautete die Antwort, weil er verdammt sei. Doch Bruder Matthäus tröstete ihn:

«Erinnerst du dich nicht mehr, daß du mir oft gebeichtet hast und daß ich dich von all deinen Sünden losgesprochen habe? Erinnerst du dich nicht mehr, daß du Gott in diesem heiligen Orden während vieler Jahre gedient hast? Hast du schließlich vergessen, daß die Barmherzigkeit Gottes größer ist als alle Sünden der Welt und daß Christus, unser auserwählter Erlöser, uns loszukaufen einen unendlichen Preis hinterlegt hat? Verlaß dich auf die gute Hoffnung, denn es steht fest, daß du erlöst bist!»

Als Bruder Johannes diese Worte vernahm, war seine Leidenszeit abgelaufen, die Drangsal wich und Herzensfrieden kam über ihn. Heiteren Sinnes sagte er zu Bruder Matthäus: «Du bist müde, die Zeit ist vorgerückt, ich bitte dich, geh und lege dich schlafen!»

Bruder Matthäus aber wollte ihn nicht verlassen. Schließlich mußte er seinem ständigen Drängen nachgeben, verabschiedete sich und begab sich zur Ruhe. Bruder Johannes blieb allein mit dem Bruder, dem die Pflege überantwortet war.

Und siehe: Glanzstrahlend und himmlischen Duft ausströmend, erschien der hochgepriesene Christus, um das Versprechen einzulösen, Bruder Johannes zu erscheinen, wenn er in größter Not seiner bedürfe. Christus heilte ihn von allen seinen Krankheiten, und Bruder Johannes dankte Gott mit gefalteten Händen, daß er die lange Reise des gegenwärtigen armseligen Lebens zu gutem Ende geführt habe, empfahl sich den Händen Christi, übergab Gott seine Seele und schritt aus diesem sterblichen hinein ins ewige Leben, zusammen mit Christus, dem Auserwählten, den zu schauen er so lange Zeit geharrt und ersehnt hatte.

Begraben wurde der Leib des Brudes Johannes in Penna di San Giovanni.

BRÜDERLICHE LIEBE

46 In der Provinz der Mark Ancona lebten zur Zeit, als der Heilige Franziskus bereits gestorben war, zwei leibliche Brüder im Orden. Der eine hieß Bruder Humilis und der andere Bruder Pazifikus. Beides waren Männer von heiligmäßigem Lebenswandel und von großer innerer Vollkommenheit. Der eine, Bruder Humilis, lebte im Kloster von Soffiano und starb dort. Bruder Pazifikus aber lebte innerhalb einer andern Klostergemeinschaft, ziemlich weit von seinem Bruder entfernt.

Als Bruder Pazifikus eines Tages an einsamer Stätte betete, gefiel es Gott, ihn mystisch zu verzücken, und so sah er, wie die Seele seines Bruders Humilis, die zu dieser Stunde von ihrem Körper schied, ohne aufgehalten oder gehindert zu werden, geraden Weges in den Himmel einging.

Viele Jahre später wurde Bruder Pazifikus, der auf Erden zurückgeblieben war, in die Klostergemeinschaft von Soffiano versetzt, wo einst sein Bruder starb. Zu dieser Zeit mußten die Brüder, auf Verlangen des Herrn von Bruforte, ihre Niederlassung wechseln. Daher überführten sie unter anderem die Reliquien der heiligen Brüder, die in diesem Kloster gestorben waren. Als das Grab des Bruders Humilis geöffnet wurde, nahm Bruder Pazifikus, sein leiblicher Bruder, die Gebeine und wusch sie mit gutem Wein, legte sie in weißes Linnen und küßte sie unter Tränen mit großer Ehrfurcht und Andacht. Es wunderten sich seine Mitbrüder, daß er, ein Mann von so heiligmäßigem Lebenswandel, ihnen ein schlechtes Beispiel gab, weil er anscheinend aus fleischlicher und weltlicher Liebe seinen Bruder beweinte und seinen Reliquien mehr Verehrung bezeugte als denen der übrigen Ordensbrüder, die nicht in geringerem Ansehen der Heiligkeit standen als Bruder Humilis und darum gleicher Verehrung würdig wie jener.

Als Bruder Pazifikus den linkischen Verdacht seiner Mitbrüder bemerkte, stellte er demütig das Einvernehmen wieder her, indem er ihnen erklärte:

«Ihr meine geliebtesten Brüder dürft euch nicht darüber

wundern, wenn ich den Gebeinen meines Bruders das gab, was ich den andern vorenthielt. Gott sei gelobt, daß mich nicht, wie ihr wähnt, fleischliche Liebe dazu getrieben hat. Ich habe so gehandelt, weil ich in der Todesstunde meines Bruders, als ich eben an einsamer Stätte und fern von ihm betete, seine Seele geraden Weges zum Himmel aufsteigen sah. Darum weiß ich, daß seine Gebeine verehrungswürdig sind und eigentlich im Paradies sein müßten. Wenn mich Gott dies auch für die andern Brüder hätte wissen lassen, würde ich ihre Gebeine ebenso verehrt haben.»

Als die Brüder durch diese Worte seinen frommen Beweggrund erfuhren, erbauten sie sich ob seines Tuns und lobten Gott, «der», [wie das Wort geht], «wunderbare Dinge tut an seinen gotterfüllten Brüdern».

DIE LATWERGE DER MUTTERGOTTES

47 Im obengenannten Kloster von Soffiano lebte in vergangener Zeit ein Minderer Bruder, der in solcher Gottesfülle und Gnade stand, daß er ganz vergöttlicht schien und viele Male mystisch entzückt wurde.

Da er diese mystische Begnadung besaß, geschah es, daß, wenn er irgend einmal ganz zu Gott erhoben wurde und in ihn versenkt war, Vögel mannigfacher Arten herbeiflogen, sich ihm zutraulich auf seine Schultern, seinen Kopf, seine Arme und Hände setzten und wunderbare Lieder sangen.

Er war eine Einsiedlernatur und sprach selten. Wenn man ihn aber nach etwas fragte, antwortete er mit einer Anmut und Klugheit des Geistes, daß eher ein Engel denn ein Mensch zu sprechen schien. Er liebte innig das Gebet und die Versenkung, und die Brüder zollten ihm große Verehrung.

Als sich nach göttlichem Ratschluß sein tugendreiches Leben dem Ende zu neigte, überfiel ihn eine todbringende Krankheit, so daß er keine Nahrung mehr vertrug. In seinem Zustand verschmähte er jedes irdische Heilmittel und setzte sein ganzes Ver-

trauen auf den himmlischen Arzt Jesus Christus, den Hochgepriesenen, und seine gesegnete Mutter. Durch die Milde Gottes
erhielt er die Gnade, von ihr besucht und barmherzig gepflegt
zu werden.

Als er nun zu Bett lag und sich von ganzem Herzen gotterge-
ben zum Sterben vorbereitete, erschien ihm, in himmlischem
Glanz, begleitet von einer riesigen Engelschar und von heiligen
Jungfrauen, die glorreiche Mutter Christi, die Jungfrau Maria. Sie näherte sich seinem Bett. Ihr Anblick gab ihm Zuversicht und reichen Lebensmut für Seele und Körper. Mit demütigen Worten bat er sie, sie möge bei ihrem geliebten Sohn erwirken, daß dieser um seiner Verdienste willen ihn aus dem Ge-
fängnis des elenden Fleisches befreie. Tränen standen ihm in den
Augen, während er unablässig seine Bitte wiederholte, so daß
die Jungfrau Maria, ihn beim Namen nennend, zur Antwort
gab:

«Verzage nicht, mein Sohn, denn deine Bitte wird erfüllt. Ich
bin hergekommen, dir ein wenig Erleichterung zu bringen, bevor du aus diesem Leben scheidest.»

Maria zur Seite standen drei heilige Jungfrauen, die in ihren
Händen drei Büchsen Latwerge von unbeschreiblich süßem
Wohlgeruch trugen. Die glorreiche Jungfrau nahm eine der
Büchsen, öffnete sie, und ein süßer Duft erfüllte das ganze Haus.
Sie flößte dem Kranken einen Löffel voll dieser Latwerge ein.
Kaum hatte er davon gekostet, fühlte er eine solche Kraft und
Seligkeit in sich, daß es schien, seine Seele könne es im Körper
nicht mehr aushalten, und er ausrief:

«Nicht mehr, o heiligste Mutter und glorreiche Jungfrau, o gesegnete Ärztin und Retterin des Menschengeschlechts, nicht
mehr! Ich kann soviel Süße nicht ertragen!»

Aber die barmherzige und güte Mutter reichte ihm dennoch
weiter von der Latwerge und ließ ihn davon einnehmen, bis die
Büchse leer war.

Darauf nahm die selige Jungfrau die zweite Büchse zur
Hand, schöpfte mit dem Löffel wiederum von der Latwerge,
um dem Kranken davon zu reichen. Dieser aber sträubte sich und
rief:

124

«O glückselige Muttergottes, wie soll ich Latwerge aus der zweiten Büchse noch ertragen, da vom Feuer und von der Süße der ersten meine Seele mir enteilt. Ich bitte dich, du mehr als alle Heiligen und alle Engel Gesegnete, gib mir nichts mehr davon!»

Doch die glorreiche Jungfrau Maria entgegnete: «Koste, mein Sohn, nur noch ein wenig aus dieser zweiten Büchse!»

Und sie reichte ihm eine Kostprobe mit den Worten:

«Nun hast du so viel, daß es dir genügen mag! Sei nun starken Mutes, mein Sohn! Denn bald werde ich wiederkommen und dich in das Reich meines Sohnes geleiten, das du immer gesucht und nach dem du dich ständig gesehnt hast!»

Dies waren ihre Abschiedsworte – und sie verschwand.

Er aber war so erleichtert und gestärkt durch die Süße dieser Arznei, daß er sich noch mehrere Tage lang satt und wohlbehalten fühlte und nach keiner andern Speise Verlangen hatte. Einige Tage später, als er mit einigen Brüdern fröhlich scherzte, schied er mit freudigem Jubel aus dem Elend dieser Welt.

DER BAUM MIT DER GOLDENEN WURZEL

48 Bruder Jakob von Massa, dem Gott das Tor zu seinen Geheimnissen aufschloß und ihm ein umfassendes Wissen und eine durchdringende Schau der Heiligen Schrift und der zukünftigen Dinge gab, führte ein so heiligmäßiges Leben, daß die Brüder Egidius von Scesi, Markus von Montino, Wacholder und Luzius von ihm zu sagen pflegten, sie kennten niemanden auf dieser Welt, der vor Gott größer sei als Bruder Jakobus.

Es war deshalb mein großer Wunsch, ihn selbst einmal von Angesicht zu Angesicht zu sprechen.

Als ich nun bei irgendeiner Gelegenheit den Bruder Johannes, den Gefährten des Bruders Egidius, ersuchte, mir gewisse geistige Fragen zu erklären, antwortete er mir:

«Wenn du gut über das Leben im Geiste belehrt werden willst, so verschaffe dir eine Unterredung mit Bruder Jakob von

Massa, denn selbst Bruder Egidius hatte den Wunsch, von ihm Belehrung zu empfangen, und seinen Worten läßt sich nichts hinzufügen noch wegnehmen. Sein Geist ist vorgedrungen bis zu den Geheimnissen des Himmels, und seine Worte sind Worte des Heiligen Geistes. Es gibt keinen Menschen auf Erden, den ich so sehnlichst zu sehen begehrte wie ihn!»

Es war zu Anfang der Zeit, da Bruder Johannes von Parma dem Orden vorstand, als Bruder Jakob während des Gebetes so tief in mystische Verzückung geriet, daß sie drei Tage lang währte; sein leibliches Empfinden hatte ausgesetzt, und er lag so gefühllos da, daß die Brüder befürchteten, er sei gestorben.

Während dieser Verzückung ließ ihn Gott die zukünftigen Geschicke unseres Ordens erschauen.

Als ich davon hörte, wurde mein Wunsch, ihn selber zu hören und zu sprechen, um so größer.

Da es Gott gefiel, mir diese Gelegenheit zu geben, trug ich ihm folgende Bitte vor:

«Wenn das wahr ist, was von dir erzählt wird, bitte ich dich, es mir zu bestätigen. Ich habe gehört, Gott habe, als du drei Tage lang wie tot warst, dich unter anderem das zukünftige Schicksal unseres Ordens wissen lassen. Bruder Matthäus, der Vorsteher der Märkischen Ordensprovinz, hat mir gesagt, du hättest ihm dies im Zeichen des Gehorsams anvertraut.»

Mit ganz demütigen Worten gab mir Bruder Jakob zu, daß das, was Bruder Matthäus gesagt habe, der Wahrheit entspreche. Dieser aber hatte mir folgendes berichtet:

«Ich kenne einen Bruder, dem Gott die Zukunft unseres Ordens enthüllt hat. Bruder Jakob von Massa hat mir nämlich gesagt und versichert, daß er neben vielen andern Dingen, die ihn Gott über den Zustand der kämpfenden Kirche erschauen ließ, in einem Gesicht einen großen und schönen Baum sah, dessen Wurzelstock aus Gold war; als Früchte entsprossen Menschen, und sie alle waren Mindere Brüder. Seine Hauptäste stellten die verschiedenen Ordensprovinzen dar, und jeder Ast trug so viel Brüder, wie in der entsprechenden Provinz lebten. Bruder Jakob übersah die Zahl aller Ordensbrüder in jeder Provinz; er erfuhr auch ihre Namen, ihr Alter, ihre Lebensumstände, ihre hohen Ämter und Würden, all ihre Gaben und auch ihre Sünden. Zuoberst auf dem Hauptast in der Mitte des Baumes erblickte er Bruder Johannes von Parma. Auf den Wipfeln der Zweige dieses Mittelastes standen die Vorsteher aller Provinzen. Hinter dem Baum sah er Christus auf einem hohen weißschimmernden Thron sitzen. Christus rief den Heiligen Franziskus zu sich herauf, übergab ihm einen Kelch voll Geist des Lebens und schickte ihn zurück mit den Worten:

«Geh und suche deine Brüder auf und gib ihnen zu trinken von diesem Geist des Lebens. Denn der Geist des Satans wird sich wider sie erheben, wird sie rütteln; viele werden fallen und nimmermehr aufstehen.»

Zweien Engeln befahl er, den Heiligen Franziskus zu begleiten. Dieser ging hin, seinen Brüdern den Kelch des Lebens zu reichen.

Als erstem gab er ihn Bruder Johannes von Parma: dieser ergriff den Kelch ehrfürchtig und trank ihn in einem Zuge aus – und augenblicklich wurde er leuchtend wie die Sonne. Darauf reichte der Heilige Franziskus den Kelch der Reihe nach allen anderen. Aber es gab nur wenige unter ihnen, die ihn mit geziemender Ehrerbietung und Andacht ergriffen und ganz austranken. Alle, die ihn ehrfürchtig entgegennahmen und leertranken, leuchteten alsogleich wie die Sonne. In jene aber, die respektlos nach ihm griffen und seinen Inhalt verschütteten, schoß Schwärze, und sie boten, finster und verunstaltet, wie sie waren, einen erschreckenden Anblick. Dritte hingegen, die aus dem Kelch tranken und den Rest fortgossen, wurden je nach dem Maß, das sie getrunken oder verschüttet hatten, entsprechend leuchtend oder dunkel. An Leuchtkraft überstrahlte der genannte Bruder Johannes alle seine Mitbrüder, denn er hatte vorbildlich den Kelch des Lebens bis zur Neige getrunken und darum tief in die unendlichen Abgründe des göttlichen Lichtes geschaut: In ihm hatte er das Unwetter und den Sturm vorausgesehen, der sich gegen den Baum erheben und seine Äste schütteln und rütteln würde. Darum verließ Bruder Johannes den Ast, auf dem er stand, stieg die Baumkrone her-

127

unter und verbarg sich am Fuße des Baumes, tief in Gedanken versunken.

Nun stieg ein Bruder, der den Kelch zur Hälfte getrunken und zur Hälfte verschüttet hatte, hinauf in den Wipfel, wo Bruder Johannes gestanden hatte; kaum war er oben, verwandelten sich die Nägel seiner Finger in spitze Eisenkrallen, scharf geschliffen wie Bartscheren. Von dem Platz aus, den er sich erklommen hatte, machte er Anstalten, sich voller Wut und Ungestüm auf Bruder Johannes zu stürzen und ihn gewalttätig anzufallen. Als Bruder Johannes das sah, schrie er laut auf und empfahl sich Christus, der auf dem Thron saß. Auf seinen Schrei hin rief Christus den Heiligen Franziskus herbei, übergab ihm einen scharfkantigen Feuerstein und sprach zu ihm:

«Nimm diesen Stein, geh und schneide dem Bruder die Nägel, mit denen er Bruder Johannes zerkratzen will, damit er ihm kein Leid antun kann.»

Franziskus ging hin und tat, wie Christus ihm gesagt hatte.

Danach kam ein Sturm auf und schüttelte den Baum mit solcher Macht, daß die Brüder auf die Erde fielen. Zuallererst fielen alle die, welche den Kelch des Lebensgeistes ganz verschüttet hatten. Sie wurden von Dämonen ergriffen und zu Stätten der Finsternis und Qual geschleppt. Bruder Johannes hingegen und mit ihm alle, die den Kelch bis zur Neige getrunken hatten, wurden von Engeln in das Land des Lebens geleitet, in das ewige Licht und in den seligen Glanz.

Bruder Jakob, der dies im Geiste erschaute, konnte deutlich und klar alles hören und sehen und den Namen, den Stand und die Besonderheit eines jeden einzelnen erkennen.

Jenes Unwetter war so gewaltig, daß der Baum umgerissen wurde und der Sturm ihn davontrug. Sobald sich aber seine Wucht gelegt hatte, entsproß dem goldenen Wurzelstock des gefällten Baumes ein neuer, der ganz aus Gold war und goldene Blätter und Früchte hervorbrachte. Aber besser ist es, von diesem Baume, von der Weite seiner Krone, der Tiefe seiner Wurzel, von seiner Schönheit, seinem Duft und seiner Kraft zu schweigen, als in dieser unserer Zeit davon zu sprechen.

BRUDER JOHANNES VON LA VERNIA

49 Unter den weisen und heiligmäßigen Brüdern, den Söhnen des Heiligen Franziskus, die, nach dem Worte Salomos, den Ruhm des Vaters bilden, lebte zu unserer Zeit in der Provinz der Mark Ancona der verehrungswürdige und heiligmäßige Bruder Johannes von Fermo; da er lange Zeit in der geweihten Niederlassung auf La Vernia lebte und auch dort aus diesem Leben geschieden ist, wurde er stets Bruder Johannes von La Vernia genannt. Auch er war ein Mann, dessen Leben einzigartig und von großer Gottesfülle war.

Als dieser Bruder Johannes noch ein Knabe war und in der Welt lebte, sehnte er sich mit ganzem Herzen nach einem Leben der Einkehr, nach Reinheit des Körpers und der Seele. Darum begann er schon als kleiner Knabe einen Bußpanzer und einen Eisenring auf der bloßen Haut zu tragen und sich an strenge Enthaltsamkeit zu gewöhnen. Ganz besonders floh er die Freuden der Welt und kasteite durch große rücksichtslose Enthaltungen seinen Körper, zur Zeit, als er bei den Domherren von St. Peter zu Fermo in die Schule ging, die ein dem Schein der Welt zugewandtes Leben führten. Da er aber Kameraden hatte, die mit seiner Lebensführung nicht einverstanden waren, ihm darum seinen Bußpanzer wegnahmen und seine Kasteiungen auf verschiedene Weise zu verhindern suchten, faßte er unter der Eingebung Gottes den Gedanken, die Welt und ihre Gefolgsleute zu verlassen und sich im Kleid des gekreuzigten Heiligen Franziskus ganz in die Arme des Gekreuzigten zu werfen, was er auch tat.

So nahm er, schon als Knabe in den Orden aufgenommen, unter der Obhut des Novizenmeisters an Geist und Frömmigkeit ständig zu: Wenn jener Lehrer über das Wesen Gottes sprach, schmolz sein Herz wie Wachs am Feuer und, beseelt von göttlicher Liebe, steigerte sich sein Inneres in solche Liebesseligkeit, daß er, unfähig, diesen Zustand gelassen zu ertragen, aufstand und trunkenen Geistes durch den Garten, durch den Wald oder durch die Kirche lief, wohin Flamme und Macht des Geistes ihn eben trieben.

Im Laufe der Zeit wurde dieser engelgleiche Mensch unter Einwirkung der göttlichen Gnade immer reicher an Tugend, an Gaben des Himmels, an mystischen Versenkungen und Verzükkungen, so daß sein Geist bald zum Strahlenglanz der Cherubim, bald zum Feuerkreis der Seraphin, bald zu den Freuden der Seligen, bald zu leidenschaftlichen Liebesumarmungen Christi emporgerissen wurde, die nicht nur sein Herz und seine Seele mit Glücksgefühl erfüllten, sondern auch seinen Körper sichtbar an dieser Wonne teilnehmen ließen.

Einmal aber – zur Zeit, als er auf dem Berge La Vernia weilte – entzündete die Feuerzunge der göttlichen Liebe in seinem Herzen einen solch verzehrenden Brand, daß die Flammen drei Jahre lang loderten und er während dieser Zeit himmlischen Trost empfing, wunderbare Heimsuchungen und Gesichte erlebte und oft mystisch in Gott verzückt wurde; mit einem Wort: Er schien zu dieser Zeit eine lodernde Liebesflamme zu sein, die ganz in Christus aufgegangen war.

Die Vorsorge Gottes, mit der er seine Söhne hegt, ist einzigartiger Natur: Je nach dem Stand der Zeit spendet er ihnen heute Herzensglück und Seelenfrieden, morgen aber Drangsal und Leiden, sei es, weil ihnen Demut not tut, sei es, um in ihnen noch größere Sehnsucht nach der himmlischen Wirklichkeit zu entzünden. So gefiel es der göttlichen Güte, zu Ende des dritten Jahres den Strahlensturz der göttlichen Liebesflamme für Bruder Johannes versiegen zu lassen und ihn allen geistigen Trostes zu berauben: Ohne Gottes Licht und Liebe war er ganz der Verzweiflung, der Schwermut und dem Weh preisgegeben. Von Ängsten getrieben, wanderte er ziellos durch den Wald, und seine Stimme, seine Tränen, seine Klagen riefen nach dem geliebten Bräutigam seiner Seele, der sich ihm entzogen hatte und ohne dessen Gegenwart seine Seele weder Ruhe noch Bleibe finden konnte. Aber es gab keine Stätte und kein Mittel, die ihn seinen geliebten Jesus wieder auffinden ließen, und er verspürte nichts mehr von jenen ihm einst selbstverständlichen süßen Geisteswonnen der Liebe Christi. Viele Tage dauerte die Heimsuchung, während der er unerschütterlich Gott nach dem geliebten Seelenbräutigam bestürmte.

Eines Tages, als Bruder Johannes in seiner Betrübnis und
Qual wieder durch den Wald irrte, sich müde am Fuß einer Bu-
che niedersetzte und sich an ihren Stamm lehnte, während er
sein tränengebadetes Antlitz gegen den Himmel richtete, dünkte
es schließlich Gott, seine Geduld gänzlich erprobt und seine
Sehnsucht genügend entflammt zu haben: Siehe, plötzlich erschien auf dem Waldpfad, den er gekommen war, die Gestalt Jesu Christi, wortlos verharrend.

Im Augenblick, da Bruder Johannes sie sah und erkannte, daß
es Christus war, stürzte er sich zu seinen Füßen, und unter einem endlosen Tränenstrom flehte er demütig zu ihm:

«Komm mir zu Hilfe, mein Herr!
Ohne dich, mein geliebtester Erlöser, lebe ich in
    Finsternis und Weh –
Ohne dich, sanftmütigstes Lamm, lebe ich in Angst,
    Qual und Furcht –
Ohne dich, Sohn des allerhöchsten Gottes, lebe ich in
    Wirrnis und Schande –
Ohne dich bin ich ganz entblößt und blind, weil du,
    Jesus Christus, das wahre Licht aller Seelen bist –
Ohne dich bin ich verloren und der Hölle anheimgegeben,
    weil nur du aller Seelen Lebensodem und des Lebens
    Leben bist –
Ohne dich verdorrt meine Seele und bleibt unfruchtbar,
    weil nur du die Quelle aller Gnadengaben bist –
Ohne dich lebe ich in Verzweiflung, denn du bist Jesus,
    unsere Erlösung, unsere Liebe, unsere Sehnsucht,
    unser nährendes Brot, bist der Wein, der die Herzen der
    Engel erfreut zusammen mit den Herzen aller Heiligen –
Erleuchte mich, huldvollster Herr und mitfühlender Hirte,
    denn ich gehöre zu deiner Herde, auch wenn ich ein
    schwarzes Schaf bin!»
Wenn Gott zögert, die Sehnsucht heiliger Menschen zu stillen,
entflammt in ihnen die Liebe um so stärker, und um so größer
wird ihr Verdienst: Der hochgepriesene Christus ging an Bruder
Johannes vorüber, ohne sein Flehen zu erhören, und schritt
schweigend auf dem Waldpfad weiter.

131

Da erhob sich Bruder Johannes, lief ihm nach und warf sich ihm von neuem zu Füßen und richtete voll frommer Aufdringlichkeit unter heißen Tränen an ihn die Worte:

«O geliebtester Jesus Christus, hab Erbarmen mit meiner Qual, erhöre mich in der Fülle deiner Barmherzigkeit und um der Wahrheit deines Heiles willen. Wende mir das Glück deines Angesichts und die Milde deiner Augen wieder zu. Denn die ganze Welt ist erfüllt von deiner Barmherzigkeit!»

Christus aber schritt weiter, erwiderte nichts und gab ihm kein tröstendes Wort. Er tat mit ihm wie die Mutter mit dem Kinde, wenn es nach der Puppe schreit: sie läßt es weinend hinter sich herlaufen, damit es sein Spielzeug nachher mit um so größerer Freude entgegennehme.

So lief auch Bruder Johannes mit noch größerer Begierde und Sehnen hinter Christus her. Als er ihn aber eingeholt, wandte sich ihm der hochgepriesene Christus zu und richtete seinen heiterfrohen, anmutsvollen Blick auf ihn, öffnete seine heiligen, allerbarmenden Arme und zog ihn sanft an sich. Während sich seine Arme auftaten, sah Bruder Johannes aus der hochheiligen Brust des Erlösers Strahlen glänzenden Lichtes ausgehen, die den ganzen Wald erhellten und seine Seele wie seinen Körper durchdrangen.

Bruder Johannes kniete zu Füßen Christi nieder, und wie einst der Magdalena reichte Jesus, der Auserwählte, ihm gütig den Fuß zum Kusse. Voll inniger Ehrfurcht ergriff ihn Bruder Johannes und badete ihn in so vielen Tränen, daß er in Wahrheit wie Magdalena erschien. Dann brach er in die Worte aus:

Ich bitte dich, o Herr, nicht auf meine Sünden zu schauen. Laß meine Seele kraft deines heiligen Leidens und des hochheiligen kostbaren Blutes, das du vergossen, aufgehen in der Huld deiner Liebe. Du hast uns geboten, dich zu lieben mit unserem ganzen Herzen und unserer ganzen Inbrunst. Dies Gebot ist unerfüllbar ohne deine Hilfe. Hilf mir nun, geliebtester Sohn Gottes, dich zu lieben mit meinem ganzen Herzen und mit all meinen Kräften!»

Bei diesen Worten, da er noch zu Füßen Christi lag, wurde Bruder Johannes erhört, und er empfing wieder die frühere

Gnade, die Flamme der göttlichen Liebe zu spüren. Er fühlte sich ganz getröstet und wie neugeboren: In diesem Zustand der wiedererlangten göttlichen Gnadengabe begann er dem hochgepriesenen Christus zu danken und hingebend seine Füße zu umarmen. Als er sich dann erhob, um Christus ins Antlitz zu schauen, ließ ihn Jesus Christus seine hochheiligen Hände küssen. Und als er sie geküßt hatte, lehnte und schmiegte er sich an die Brust Jesu, umarmte und küßte ihn, und Christus gab ihm Umarmung und Kuß zurück. Während dieser Umarmung und diesem Kusse spürte Bruder Johannes einen solchen Duft Gottes, daß, faßte man alle Wohlgerüche und alle bezaubernden Düfte der Welt zusammen, sie im Vergleich zu ihm nur als Gestank empfunden würden.

Durch diesen Wohlgeruch Gottes wurde Bruder Johannes mystisch verzückt, fand Frieden und geistige Erleuchtung. Viele Monate lang hatte seine Seele die Gnade, von diesem Duft ständig umwogt zu sein.

Fortan entströmten aus seinem Munde, der an der geheiligten Brust des Erlösers vom Quell der göttlichen Weisheit getrunken, staunenerregende himmlische Worte, die Macht besaßen, die Herzen zu verwandeln und die Seelen derer für Gott zu gewinnen, die zuhörten; und lange Zeit hindurch vermochte er sinnenhaft den betörenden Geruch Gottes wahrzunehmen, sooft er sich dem Wege und der Umgebung näherte, wo die geweihten Füße Christi geschritten.

Als Bruder Johannes nach dieser Verzückung wieder zu sich gekommen und die körperliche Erscheinung Christi verschwunden war, blieb seine Seele in einem Maße erleuchtet und weiterhin im Abgrund des göttlichen Wesens versunken, daß er, der sich nicht durch gelehrtes Studium Wissen erworben hatte, die schwierigsten geistigen Fragen über das Wesen der Dreifaltigkeit löste und die tiefen Geheimnisse der Heiligen Schrift erklärte. Und oftmals hat er im Laufe der Zeit, wenn er vor dem Papst und vor Kardinälen, vor Königen und Hochgeborenen, vor Professoren und gelehrten Theologen sprach, durch seine erhabenen Worte und tiefsinnigen Gedanken alle in Erstaunen versetzt.

DIE ALLERSEELENMESSE

50 Einst, am Tage nach Allerheiligen, las nach Vorschrift der Kirche Bruder Johannes die Messe für alle verstorbenen Seelen. Er vollzog dieses hohe Mysterium, das die Seelen der Dahingeschiedenen allen anderen geistlichen Wohltaten, die man ihnen zukommen lassen kann, wegen seiner Gnadenerwirkung vorziehen, unter so innigem Mitleiden und unter solch inbrünstigem Mitfühlen, daß er sich in seinem rührenden Erbarmen und in seiner brüderlichen Liebe ganz zu verzehren schien.

Andächtig hob er während jener Messe den Leib Christi empor und brachte ihn Gott Vater dar, indem er ihn bat, er möge um der Liebe seines hochgepriesenen Sohnes Jesus Christus willen, der die Seelen loszukaufen am Kreuze gehangen, für die Seelen der Verstorbenen, die er doch erschaffen und erlöst habe, die Leidenszeit der Läuterung beenden.

Sogleich sah er unzählige Seelen aus dem Fegfeuer emporsteigen gleich einem Funkenregen, der aus einem Schmelzofen emporsprüht. Und er sah sie eingehen in den Himmel, erlöst durch das Leiden Christi, das den Lebenden und Toten zum Heile täglich wiedererlitten wird im Geheimnis der ständig und ewig anbetungswürdigen heiligen Hostie.

DER TOD DES BRUDERS JAKOB VON FALLERONE

51 Bruder Jakob von Fallerone, ein Mann von großer Gotterfülltheit, lag schwer erkrankt darnieder im Kloster von Moliano bei Fermo: Bruder Johannes von La Vernia, der zu dieser Zeit im Kloster von Massa weilte, hörte von seiner Erkrankung, und da er ihm als seinem teuren Vater liebend zugetan war, begann er für ihn zu beten und flehte voller Geistesandacht Gott an, er möge dem Bruder Jakob, wenn es zum besten seines Seelenheils sei, die Gesundheit des Leibes wiedergeben.

134

Während dieses Gebetes überkam ihn ein mystisches Gesicht: Über seiner Zelle, die im Walde lag, erschaute er ein gewaltiges Heer von Engeln und Heiligen, dessen Glanz die ganze Gegend überstrahlte. Den kranken Bruder Jakob, für den er eben betete, sah er inmitten der Engel stehen und ein weißes glänzendes Gewand tragen. Auch erblickte er unter ihnen den seligen Vater, den Heiligen Franziskus, ruhmgeschmückt mit den heiligen Wunden Christi. Weiter erkannte er den Bruder Luzidus, den Heiligen, und Bruder Matthäus, den Alten von Monte Rubbiano. Noch viele andere Brüder kamen ihm zu Gesicht, die er in diesem Leben nie gesehen und nicht gekannt hatte.

Während Bruder Johannes diese selige Schar von Heiligen mit der ihm gewohnten großen Freude betrachtete, wurde ihm geoffenbart, der Leib seines kranken Mitbruders müsse an jener Krankheit sterben, seine Seele aber werde gewiß gerettet, obwohl sie nach dem Tod nicht sofort ins Paradies eingehen werde, sondern sich im Fegfeuer noch etwas läutern müsse. Über diese Offenbarung freute sich Bruder Johannes dermaßen, daß ihm der leibliche Tod seines kranken Freundes nicht nahegehen konnte, weil das Heil und die Rettung der Seele zugesichert waren. In der Glückseligkeit seines Geistes rief er nach seinem Freund und stieß die Worte aus:

«Bruder Jakob, mein geliebter Vater!
Bruder Jakob, mein süßer Bruder!
Bruder Jakob, getreuster Diener und Freund Gottes!
Bruder Jakob, Gefährte der Engel und Freund der Seligen!»
In dieser glückerfüllten Gewißheit kam er wieder zu sich.

Sogleich brach er auf, Bruder Jakob in Moliano zu besuchen. Als er ihn so schwach fand, daß er kaum noch zu reden vermochte, kündete ihm Bruder Johannes den bevorstehenden Tod des Leibes und seiner Seele Rettung und Herrlichkeit, die sich durch göttliche Offenbarung als gewiß erwiesen hätten.

Mit einem seligen Lächeln der Seele und des Antlitzes nahm Bruder Jakob all dies auf, dankte ihm für die guten Nachrichten, die er mitgebracht habe, und empfahl sich ihm in frommer Ergebenheit.

Liebevoll bat ihn nun Bruder Johannes, er möge nach seinem Tode zu ihm zurückkehren und ihm von seinem Schicksal berichten. Bruder Jakob versprach, wenn es Gott erlaube, seinen Wunsch zu erfüllen.

Nach diesem Gespräch näherte sich die Stunde seines Abschieds, und er begann andächtig jenen Vers des Psalmes zu beten: «In pace in idipsum dormiam et requiescam», was besagt: «In Frieden werde ich in das ewige Leben entschlafen und ruhen.» Als er diesen Vers gebetet hatte, schied er lächelnden und heiteren Antlitzes aus diesem Leben.

Nachdem er begraben war, kehrte Bruder Johannes nach Massa zurück und harrte auf den Tag, an dem Bruder Jakob dem gegebenen Versprechen gemäß zu ihm zurückkehren sollte.

Als er an dem erwarteten Tage tief ins Gebet versunken war, erschien ihm Christus, begleitet von einer großen Schar Engel und Heiliger. Bruder Johannes wunderte sich sehr, daß er Bruder Jakob nicht unter ihnen erblickte, und legte darum mit ehrfurchtsvollen Worten bei Christus für ihn Fürsprache ein.

Am folgenden Tag nun, als Bruder Johannes betend im Walde weilte, erschien ihm Bruder Jakob in der Begleitung von Engeln, ganz strahlend und heiter, und Bruder Johannes redete ihn an:

«O geliebtester Vater, warum bist du nicht an dem Tage, den wir abgesprochen hatten, zu mir zurückgekehrt?»

Bruder Jakob gab zur Antwort:

«Weil ich noch der Läuterung bedurfte! Aber zu jener Stunde, als Christus dir erschien und du Fürsprache für mich eingelegt hast, wurdest du erhört, und meine Läuterungzeit war zu Ende. Ich bin darauf dem Bruder Jakob von Massa, dem heiligen Laienbruder, erschienen: Er versah gerade das Amt des Meßdieners und sah, wie die vom Priester emporgehobene geweihte Hostie sich in die lebende Gestalt eines wunderschönen Kindleins verwandelte. Und ich sagte ihm: Heute werde ich mit diesem Kindlein in das Reich des ewigen Lebens eingehen, in das niemand ohne es zu gelangen vermag.»

Nach diesen Worten entschwand Bruder Jakob mit der ganzen Schar der seligen Engel in den Himmel. Getrösteten Herzens blieb Bruder Johannes zurück.

Bruder Jakob von Fallerone, von dem unsere Erzählung handelt, ist im Monat Juli, am Vorabend des Festtages von St. Jakob, dem Apostel, im erwähnten Kloster zu Moliano gestorben, wo nach seinem Tode um seiner Verdienste willen Gottes Güte viele Wunder geschehen ließ.

BRUDER JOHANNES VON LA VERNIA ERKENNT DAS WESEN DER DREIEINIGKEIT

52 Bruder Johannes von La Vernia hatte allen weltlichen und zeitlichen Zerstreuungen und Freuden vollkommen entsagt und auf Gott allein seine Sehnsucht und Zuversicht gesetzt. Deshalb wurden ihm durch Gottes Güte – vor allem an den Festtagen Christi – wundersame Tröstungen und Offenbarungen zuteil.

Einst nahte wiederum das heilige Weihnachtsfest. Bruder Johannes erwartete, daß dieses Fest der Menschwerdung Christi, dieses Mysterium, ihm göttlichen Trost schenken werde. Und siehe: Der Heilige Geist erweckte in seiner Seele ein solch gewaltiges und grenzenloses Begehren nach der Liebe Christi, der sich um seiner Liebe willen erniedrigte und unsere Menschennatur annahm, daß er, Bruder Johannes, das Gefühl hatte, seine Seele würde ihm aus dem Leibe gerissen und er glühe wie ein Kohlenbrand. Da er eine solche Glut nicht zu ertragen vermochte, überfiel ihn verzehrende Angst, und er schrie mit lauter Stimme, denn vor der Macht des Heiligen Geistes und der Gewalt der übergroßen Liebe konnte er den Ausbruch der Schreie nicht zurückdämmen.

In dieser Stunde der unermeßlichen Liebesglut kam die Zuversicht, erlöst zu sein, so stark und entschieden über ihn, daß er glaubte, wenn er zur Stunde stürbe, keine Läuterungsleiden mehr durchstehen zu müssen.

Dieses Liebesglut währte wohl an die sechs Monate. Zwar

137

glühte sie nicht gleichmäßig und loderte nur zu gewissen Stunden des Tages auf. Während dieser Stunden hatte er oftmals wunderbare göttliche Heimsuchungen, Tröstungen und Verzükkungen, deren Augenzeuge jener Bruder war, der all dies erstmals aufschrieb.

Unter anderem wurde er eines Nachts so gewaltig zu Gott erhoben und verzückt, daß er in ihm, dem Schöpfer, alle erschaffenen Geschöpfe erschaute, die im Himmel und auf Erden wesen, alle erkennbar durch ihre Merkmale, ihre Stufen und ihre Ordnungen: In voller Klarheit kam ihm die Erkenntnis, daß die ganze Schöpfung in der Allgegenwart ihres Schöpfers steht, und Gott *über* Allem und *in* Allem und *außer* Allem und *um* Alles west. Und dann erkannte er den einen Gott in drei Personen und die drei Personen in einem Gott und den unendlichen Liebesakt, durch den der Sohn Gottes im Gehorsam gegen den Vater Fleisch geworden ist. Und weiter erkannte er in jener Verzückung, daß auf keinem andern Wege die Seele zu Gott und zum ewigen Leben gelangen kann als durch Christus, den Auserwählten, der da ihr Weg, ihre Wahrheit und ihr Leben ist.

DIE EKSTASE DES BRUDERS
JOHANNES VON LA VERNIA

53 Jenem Bruder Johannes widerfuhr im genannten Kloster von Moliano, wie Brüder berichten, die zugegen waren, folgendes Wundersame:

In der ersten Nacht nach der Woche des heiligen Laurentius, also während der Maria-Himmelfahrts-Woche, hatte Bruder Johannes das Frühgebet gemeinsam mit den andern Brüdern in der Kirche gebetet, als er spürte, wie in seinem Innern die göttliche Gnade aufloderte. Er ging abseits in den Garten, um sich in das Leiden Christi zu vertiefen und sich voll gesammelter Ehrfurcht auf die Feier des Meßopfers vorzubereiten, das er diesen Morgen darzubringen hatte. Als er nun über die heiligen Worte nachdachte, die das Brot in den Leib Christi verwandeln und sich dabei in Christi unendliche Liebe versenkte, durch die er uns nicht nur unter Vergießung seines kostbaren Blutes erlöste, sondern uns auch seinen Leib und sein heiliges Blut als Seelenspeise überließ, steigerte sich in ihm die süße Liebe zu Jesus zu solcher Glut und solcher Wonne, daß es seine Seele vor Seligkeit nicht mehr aushalten konnte. Wie trunken vom Heiligen Geist, schrie er sich selbst laut zu und hörte nicht auf auszurufen: «Hoc est corpus meum!» Denn während er diese Worte immer wiederholte, schien es ihm, als ob er den hochgepriesenen Christus mit der Jungfrau Maria und einer Engelschar sähe, und in diesen Worten leuchteten ihm kraft des Heiligen Geistes alle die abgrundtiefen Mysterien dieses höchsten Sakraments auf.

Als die Morgenröte heraufzog, betrat er, in Glut und Bangen seines Geistes ständig jene Worte vor sich hersagend, die Kirche und glaubte, von niemandem gehört oder gesehen zu werden. Aber im Chor betete gerade ein Bruder, der alles sah und hörte.

Da Bruder Johannes, erfüllt von göttlicher Gnade, von der Glut übermannt wurde, stieß er mit schallender Stimme Schreie aus und schrie so lange, bis es Zeit war, die Messe zu lesen. Er ging hin, sich für den Altar bereitzumachen, und begann mit der Meßfeier. Sogleich steigerte sich seine Liebe zu Christus und jene Glut der Hingabe, die in ihm ein unsagbares Gottesgefühl erzeugte, das er bis dahin nicht kannte und dessen Wesen ihm auch später unaussprechbar blieb. Er fürchtete, diese Glut und dieses Gefühl überstiegen ihn dermaßen, daß er die Messe nicht werde vollenden können. Große Bestürzung befiel ihn, und er wußte nicht, was tun, die Messe weiterlesen oder warten. Da er aber schon einmal etwas Ähnliches erlebt hatte und der Herr damals die Glut milderte, so daß er die Messe nicht unterbrechen mußte, hatte er Vertrauen und las, wenn auch mit großem Bangen, die Messe weiter.

Als er aber das Eingangsgebet der Wandlung – zu Ehren der Muttergottes – betete, begannen in ihm das göttliche Licht und die Wonne der göttlichen Liebe so anzuschwellen, daß er, bei den Worten «Qui pridie» angelangt, die Überwältigung der Wonne kaum mehr ertragen konnte.

Als er endlich zur Wandlung kam und schon die Hälfte der Wandlungsworte, das «Hoc est», über die Hostie gesprochen hatte, vermochte er einfach nicht mehr fortzufahren und wiederholte nur unabläßig dieselben Worte: «Hoc est enim.» Der Grund, weshalb er nicht weitersprach, war, daß er die von vielen Engeln umgebene Gegenwart Christi spürte und wahrnahm, aber dessen göttliche Majestät nicht zu ertragen vermochte: zugleich erschaute er das ihn überwältigende Geheimnis, daß Christus nicht in die Hostie trat und die Hostie sich nicht in den Leib Christi verwandelte, wenn er die andere Hälfte der Worte, das «corpus meum», nicht auch aussprach.

Während er in seinem heiligen Schrecken bangte und nicht mehr weiter konnte, liefen der Guardian, die Brüder und auch viele Laien, die in der Kirche zur Messe anwesend waren, hin zum Altar. Erschrocken blieben sie stehen, als sie Bruder Johannes' Gebärden sahen und ihren Sinn erfaßten. Und viele weinten vor Rührung.

Endlich nach geraumer Zeit, dem Gefallen Gottes gemäß, vermochte Bruder Johannes das «enim corpus meum» mit laut vernehmlicher Stimme auszusprechen: Sogleich schwand die Form des Brots; in der Hostie erschien Jesus Christus, der Auserwählte, Fleischgewordene und in Herrlichkeit Verklärte. Bruder Johannes erkannte in Klarheit die Demut und die mitleidende Liebe Christi, derentwegen er durch die Jungfrau Maria Fleisch geworden und derentwegen er sich jeden Tag in die Hand des Priesters begibt, wenn er die Wandlungsworte über die Hostie spricht. Durch diese Erkenntnis wurden die Wonnen seiner mystischen Erfahrung noch gesteigert, so daß, als er die Hostie und den geweihten Kelch emporhob, er vollkommen verzückt wurde. Seine Seele hatte sich vom Leib freigemacht, und sein Körper fiel nach rückwärts und hätte auf dem Boden aufgeschlagen, wenn der Guardian, der hinter ihm stand, ihn nicht aufgefangen hätte.

Brüder und Laien, Männer und Frauen, die in der Kirche

anwesend waren, eilten herbei; man trug ihn als tot in die Sakristei, denn sein Körper fühlte sich kalt an, und die Finger seiner Hände waren bereits so erstarrt, daß man sie weder voneinander lösen noch bewegen konnte. So lag er entseelt oder vielmehr entrückt bis zur dritten Stunde jenes Sommertages.

Dessen, was hier vorging, war ich Augenzeuge. Ich wünschte sehnlichst zu wissen, was Gott in ihm gewirkt hatte. Darum begab ich mich, sobald er aus seiner Verzückung erwacht war, zu ihm und bat ihn bei der Liebe Gottes, er möge mir alles, was vorgegangen, schildern. Weil er großes Vertrauen zu mir hatte, erzählte er mir alles genau, wie es sich zugetragen. Unter andern Dingen vertraute er mir an, als er den Leib und das Blut Christi vor sich gesehen habe, sei sein eigenes Herz wie erhitztes Wachs zerflossen, und er habe das Gefühl gehabt, als sei sein Leib von einer solchen Schwäche befallen, daß er kaum vermocht hätte, Arme und Hände zu erheben, um über die Hostie und den Kelch das Kreuzzeichen zu machen.

Auch gestand er mir, bevor er Priester wurde, habe Gott ihm in einer Offenbarung vorausgesagt, er werde während der Messe ohnmächtig werden. Da er aber schon viele Messen gelesen, ohne daß dies eingetreten sei, hätte er gedacht, jene Prophezeiung sei nicht von Gott. Aber etwa fünfzig Tage vor dem Himmelfahrtsfest Unserer Lieben Frau – der Tag, an dem sich der eben geschilderte Vorfall zutrug – hätte ihm Gott geoffenbart, daß das Ereignis zur Zeit des bevorstehenden Festes eintreffen werde. Er hätte aber inzwischen diese Vorhersage, die ihm unser Herr zukommen ließ, völlig vergessen.

NACHWORT

Im Frühjahr 1210 pilgerten Franz von Assisi und seine ersten
Gefährten nach Rom. Auf einem Stück Papier hatte Franz einige Verse aus dem Evangelium abgeschrieben und eine kurze
Ergebenheitserklärung gegenüber dem Heiligen Stuhl aufgesetzt. Er hoffte, aufgrund dieses «Dokumentes» würde Papst
Innozenz III. ihm und seinen Gefährten die kirchliche Anerken-
nung aussprechen. Ein englischer Zeitgenosse, der Benedikti-
nermönch Matthäus Paris, schilderte in seiner 1235 niederge-
schriebenen *Chronica majora* die Begegnung zwischen Papst
und Franziskus mit folgenden Worten:

«Der Papst betrachtete zuerst die schlechte Kleidung von
Franziskus, seine verächtliche Miene, den langen Bart, die un-
gepflegten Haare, die borstigen Augenbrauen. Dann hörte er
das Gesuch an, fand den Plan undurchführbar und fuhr Franziskus barsch an: ‹Höre, Bruder, suche dir eine Schweineherde,
denn mit den Schweinen kannst du wohl besser verkehren als
mit den Menschen. Wälze dich mit ihnen im Schmutz und
übergib ihnen die Regel, die du da zusammengestellt hast.› Ge-
senkten Hauptes verließ Franziskus den Papst, und als er
Schweinen begegnete, wälzte er sich mit ihnen im Schlamm,
bis er über und über beschmutzt war. Darauf erschien er wieder vor dem Papst und sagte: ‹Herr, ich habe deinen Befehl
ausgeführt; nun bitte ich dich, erfülle meine Bitte.›»

Selbstverständlich ist der englische Chronist sehr einseitig
informiert gewesen; der Papst empfing Franziskus und seine
Gefolgschaft nach einigem Zögern gnädig; was der Wortführer
vortrug, setzte ihn allerdings in Erstaunen: Franziskus eröffnete dem Papst, daß er und seine elf Gefährten bedingungslos
«nach dem Evangelium», also unter anderem «in vollkommener
Armut leben» wollten und daß der Papst zu dieser «Regel» seinen Segen geben möge. Der Papst erbat sich eine Bedenkzeit.

Kleriker aus seinem Umkreis äußerten: «Dieser Mann aus Assisi ist einfältig und dumm (simplex et idiota), und mit seiner Dummheit kann er noch Unheil stiften.» Daß Franz Unheil stiften könnte, gab auch der Papst zu, aber für dumm hielt er ihn nicht. Er sah ein, daß er diesen seltsamen Gestalten nicht erklären konnte: «Nein, ich heiße es nicht gut, nach dem Gebot des Evangeliums leben zu wollen.» Andererseits aber schien es ihm viel zu riskant, zu diesem Unternehmen vorbehaltlos seinen Segen zu geben. Er eröffnete Franz: «Deine Regel, mein Sohn, erscheint uns sehr schwer, scheint die Kraft der Menschen zu überschätzen. An deinem Eifer zweifeln wir nicht, aber wir müssen auch an jene denken, die dir nachfolgen wollen. Wird es nicht über ihre Kräfte gehen, so zu leben, wie du lebst? Die Menschen sind schwach, und ihr guter Wille ist selten dauerhaft. Geh und bete, auf daß der Herr dir seinen Willen ganz offenbare. Wir aber werden noch darüber nachdenken.»

Sosehr auch der Papst nachdachte, ihm fiel keine brauchbare Antwort ein. Die Kardinäle, die er um ihre Meinung bat, äußerten sich fast einstimmig, daß das von Franz beabsichtigte Unternehmen «innerhalb der Kirche etwas Nochniedagewesenes und Unmögliches» sei. Kardinal Giovanni Colonna war besonders empört: «Wenn wir das anerkennen, so sagen wir uns von unserem Evangelium los und beschimpfen unseren Christus!» Übereinstimmend wird berichtet, der Papst habe in der folgenden Nacht einen prophetischen Traum gehabt, in welchem er sah, wie Franziskus ein schwankendes Kirchengebäude, die Basilika Konstantins, in der Nähe des Laterans gelegen, stützte und dadurch das vom Einsturz bedrohte Gotteshaus rettete. Am anderen Tag ließ der Papst die zwölf Bettelbrüder zu sich rufen und sprach zu ihnen: «Gehet mit Gott, ihr Brüder, und predigt allen Buße, wie der Herr es euch gnädig eingibt. Und wenn der Allmächtige euch an Zahl und Gnade wachsen läßt, so meldet es mir in Freude, und ich werde euch dann noch Größeres gewähren und an Sorge noch mehr anvertrauen.»

Mit dieser Äußerung hatte der Papst auf die Kernfrage des Franziskus, ob man dem Evangelium gemäß leben dürfe, weder mit einem Ja noch mit einem Nein geantwortet.

Der konkrete Stein des Anstoßes bildete die aus dem Evangelium abgeleitete Forderung von Franziskus, sich jeglichen Besitzes zu entäußern und ein Leben in vollkommener Armut zu führen. Die Machtkirche des Mittelalters und die feudale Gesellschaft mußten ein solches Ansinnen als Attentat auf ihre Lebensgrundlage empfinden. Darum ist es nicht verwunderlich, daß der vornehme englische Benediktiner-Chronist Franziskus noch zu einer Zeit, da er schon längst kanonisiert war, als einen verwegenen Nonkonformisten hinstellte.

Die Vorsprache des Franziskus und seiner ersten Gefährten bei Papst Innozenz III. bedeutete historisch den ersten Akt dessen, was man die *Tragödie des heiligen Franziskus von Assisi* nennen muß: Es ist Franziskus nicht gelungen, für die Ur-Regel, die er 1209 nach Rom brachte, je die kirchliche Approbation zu erhalten. Von der ersten Begegnung mit dem Papst an führte er bis zu seinem Tode seinen Kampf um die von der Kirche anzuerkennende Verfassung seiner Brüderschaft. Er mußte es erleben, daß sein Entwurf für die «Endgültige Regel», den er auf Geheiß des vom Papst bestellten Protektors der Bruderschaft, Kardinal Hugo von Ostia, aufgesetzt hatte, verändert wurde. Es waren beispielsweise jene Jesus-Worte, die sich in der ersten Regel vom Jahre 1209 befanden, ausgemerzt: «Ihr sollt nichts mit euch nehmen auf den Weg, weder Stab noch Tasche, noch Brot noch Geld.» Unter dem moralischen Druck des Kardinals, der zwar ein echter Freund von Franziskus, aber zugleich ein Advokat der klerikalen Kirche war, mußte Franz jenem Kompromißwerk zustimmen, das als «Endgültige Regel» bekannt ist. Sie wurde am 29. November 1223 vom Papst Honorius III. bestätigt. In seiner Bedrängnis hat Franz einige Monate vor seinem Tod sein berühmtes Testament verfaßt, in dem er seine Mitbrüder auffordert, den Idealen der ersten Jahre treu zu bleiben:

«Als dann der Herr mir Brüder gab, war niemand, der mir zeigte, was ich tun sollte, sondern der Allerhöchste selbst offenbarte mir, daß ich nach der Form des heiligen Evangeliums leben solle. Ich ließ es in wenigen, einfachen Worten niederschreiben, und der Papst bestätigte es mir.

Die dann kamen, um unser Leben mit uns zu teilen, gaben alles, was sie besaßen, den Armen; sie waren zufrieden mit einem Habit, der außen und innen geflickt war, sowie mit einem Strick und Beinkleidern; und mehr wollten wir nicht haben.

Die von uns Kleriker waren, sprachen die Tagzeiten wie andere Kleriker; die Laien beteten das Vaterunser. Wir hielten uns gerne in den Kirchen auf. Wir waren einfältig und allen untertänig.

Ich arbeitete mit meinen Händen und will es heute noch, und ich verlange entschieden, daß alle anderen Brüder Handarbeit verrichten, wie es sich ziemt. Die es nicht können, sollen es lernen, nicht um aus der Arbeit Gewinn zu ziehen, sondern um des guten Beispiels willen und um den Müßiggang zu vertreiben. Wenn aber der Lohn für die Arbeit ausbliebe, so laßt uns zur Tafel Gottes unsere Zuflucht nehmen, indem wir uns an den Türen Almosen erbitten.

Einen Gruß hat mir der Herr geoffenbart; wir sollten sagen: ‹Der Herr gebe dir den Frieden!›

Hüten mögen sich die Brüder, daß sie Kirchen, armselige Unterkünfte und alles, was für sie gebaut wird, keinesfalls annehmen, es wäre denn, wie es der heiligen Armut ansteht, die wir in der Regel gelobt haben; auch sollen sie dort immer herbergen wie Gäste und Pilger.

Ich gebiete fest beim Gehorsam den Brüdern insgesamt, daß, wo sie auch sind, sie nicht wagen, irgendeinen Brief vom römischen Hof zu erbitten, weder selbst noch durch Vermittler, weder für ihre Kirche noch für einen andern Ort, weder unter dem Vorwand der Predigt noch wegen Verfolgung ihres Leibes. Sondern, wo immer man sie nicht aufnimmt, mögen sie in ein anderes Land fliehen, um mit dem Segen Gottes die Wandlung der Herzen herbeizuführen.»

Dieses Testament wurde aber durch die Bulle *Quo elongati* von Papst Gregor IX., der als Kardinal ehemals Protektor der inzwischen zum Orden gewordenen Bruderschaft war, als unverbindlich erklärt. Denn sofort nach dem Tod von Franziskus (4. Okt. 1226) begann innerhalb des Ordens der sogenannte «Armutsstreit». Die überwiegende Mehrzahl der Ordensmitglieder war der Meinung, das ursprüngliche Ordensideal von Franziskus ließe sich nicht verwirklichen. Ihr bedeutendster Wortführer war Frater Elias von Cortona, obwohl er zu den ersten Gefährten von Franziskus gehörte. Man würde ihn, der von 1232 bis 1239 General des Franziskanerordens war, in der heutigen Sprache als «Managertyp» bezeichnen. Zum Entsetzen der frühen Gefährten begann er 1230 mit dem Bau der großen *Basilica di San Francesco,* einem Bauwerk, das zu den monumentalsten in ganz Italien gehört und durch Giottos Fresken weltberühmt wurde. Aber zugleich ist es eine imposante Negation jenes Geistes, den der Heilige Franziskus in San Damiano verewigt hat.

Je mehr sich der Orden zwischen 1226 und 1260 von den ursprünglichen franziskanischen Idealen entfernte, um so inniger hielten die ersten Gefährten und Clara Faverone, die mit ihren Mitschwestern in San Damiano lebte, der ursprünglichen Regel und dem Testament von Franziskus die Treue und gerieten dadurch in einen für sie unheilvollen Gegensatz zur Ordensmehrheit. Sie wurden verfolgt, drangsaliert und mußten sich in abgelegene Orte, vor allem in Einsiedeleien im umbrischen und märkischen Apennin zurückziehen. Dort gesellte sich zu ihnen eine neue Generation von Ordensmitgliedern, die sich mit ihnen moralisch solidarisierten. Die ersten Gefährten überlieferten den neu Hinzugekommenen die Erinnerungen aus der Urzeit des franziskanischen Lebens. Diese Berichte wurden wiederum an eine spätere Generation weitergegeben. Ungefähr hundert Jahre nach dem Tod von Franziskus wurde das mündlich Überlieferte, vermehrt um Erfahrungen jüngerer Brüder, die zu diesem Spiritualistenkreis gehörten, aufgezeichnet. Diese Aufzeichnungen sind unter dem Namen *I Fioretti di San Francesco* in die Weltliteratur eingegangen.

Die FIORETTI sind ein Meisterwerk der *naiven Dichtung,* herausgewachsen aus der Seele jenes Volkes, das nach einer Äußerung Otto Karrers, «in seinem Empfinden die Gabe der Einfalt und Fröhlichkeit, in seiner Ahnung des Ewigen den Sinn für das Gleichnishafte der Dinge, in seinem Denken das künstlerisch Intuitive mehr als die Völker des Nordens hat». Um die Legendensammlung FIORETTI haben sich unverzeihliche Mißverständnisse gebildet; der Russe Dimitri Mereschkowski hat sie im Auge, wenn er in seinem Buch «Franz von Assisi» schreibt:
«Die Menschen des neunzehnten Jahrhunderts, das wohl eines der unverantwortlich-ästhetischsten Jahrhunderte gewesen ist, haben aus diesen Legenden eine Museumskostbarkeit gemacht, vor der man betrachtend ‹Ach, wie hübsch› sagt, aber nicht weiter über sie nachdenkt. Größere Achtung verdiente wohl schon jeder einfache lebendige Mensch, geschweige denn dieser große Heilige. Doch wenn man denen, die jetzt so unverbindlich die Gerührten vor ihm spielen, bewiese, daß sein ‹Paradies der Armen› sich tatsächlich verwirklichen will, so würden sie vor diesem Heiligen Franziskus wie vor dem fürchterlichsten Schreckbilde zurückweichen.»
Mit einem Wort: Die FIORETTI sind ein literarisches Dokument, in welchem die ersten Gefährten von Franziskus und ihre unmittelbaren Nachfolger Zeugnis für den franziskanischen Urgeist ablegen. Der Form nach sind sie kein Bericht über historische Fakten, sondern Legenden, mit denen Leben, Wirken und Taten des Franziskus und seiner Gefährten ins Gleichnishafte verdichtet werden. Mit *Legende* ist nicht etwas Unver-

bindlich-Poetisches gemeint, sondern dieses Wort wird hier im exakten lateinischen Sinn angewendet: Die *legenda* ist das, was man lesen muß, was überlieferungswert ist und für kommende Geschlechter festgehalten werden soll. Als man FIORETTI mit *Die Blümlein des Heiligen Franziskus* übersetzt hat, wurde das Verständnis in eine arg falsche Richtung gelenkt. Das Wort *Blümlein* suggeriert im Deutschen die Vorstellung von etwas Niedlichem und kann in der Nähe des Kitschigen beheimatet sein. Im Italienischen ist die Blume, *il fiore,* männlichen Geschlechts. Im übertragenen Sinn ist *fiore* eine Chiffre für Tugend, sittliche Kraft, sittliche Tat. I FIORETTI DI SAN FRANCESCO müßten demnach sinngemäß mit *Die hervorragenden Taten des Heiligen Franziskus* übersetzt werden. Daß die FIORI zu FIORETTI verkleinert werden, bedeutet nicht eine Abschwächung, sondern erinnert uns daran, daß die Legendensammlung in jener Zeit ihre sprachliche Form fand, als in Italien die Dichter und Maler, allen voran Dante in seiner *Vita nuova,* den *dolce stile nuovo* schufen, der dem 14. Jahrhundert seinen Stempel aufdrückte. Das naive Lebensgefühl und dieser «neue süße» Stil machen das sprachliche Gewand der FIORETTI aus, ein Gewand, das für rational empfindende Leser des 20. Jahrhunderts befremdend wirken mag, aber das Befremdliche führt uns in eine Welt, deren Dimensionen uns heute nach all den Erschütterungen unseres Zeitalters zugänglicher als je sind. Die Jesus-Bewegung der Jahre 1971 und 1972 ist, neben vielem anderem, ein untrügliches Symptom.

Es wäre nicht abwegig, den Inhalt der FIORETTI als *Mythos des Heiligen Franziskus* zu bezeichnen, vorausgesetzt, daß man das Wort *Mythos* in seinem griechischen Ursinn versteht, also als *Bericht, Rede, Erzählung* über Ereignisse, die sich wirklich ereignet haben; indem diese Ereignisse von Generation zu Generation weitererzählt werden, geschieht es unabsichtlich, daß Mitempfinden und Ergriffenheit der Erzähler eine Sprachform schaffen, die mehr und mehr das Kleid urtümlicher Poesie annimmt. An die Stelle der strengen Logik tritt die andersgeartete Logik der Liebe, weil, in Anlehnung an das berühmte Wort von Blaise Pascal, das mitbetroffene Herz sich von ganz anderen Gründen leiten läßt und ganz andere Gründe ins Feld führt als der nach der reinen Kausalität forschende Verstand. Wenn wir die FIORETTI als Mythos zu erfassen versuchen, sagen wir damit, daß die Gestalt des Franziskus uns überhöht, als *Messer San Francesco,* als *Herr Heiliger Franziskus* entgegentritt. Ein Mythos sind die FIORETTI auch deswegen, weil die verschiedenen Gefährten und ihre Nachfahren als Mythenbildner ein Franziskusbild geschaffen haben, das sie als zeitlose Gegenwart verstanden – und *zeitlose Gegenwart* ist ein besonderes Kennzeichen des Mythos. Er *vergegenwärtigt* das Vergangene und zielt in die Zukunft. Wer den Mythos aufschreibt, ist unwichtig und nebensächlich. Darum ist es voll tiefer Symbolik, daß wir den Namen jenes Minderen Bruders nicht kennen, der zur Zeit Dantes mit dem Gänsekiel die FIORETTI aufgeschrieben hat und damit dem Mythos seine durch Jahrhunderte gleichbleibende sprachliche Form gegeben hat. Für die FIORETTI gilt, was für jeden anderen Mythos auch gilt: Wer sich an den Buchstaben hält, wird des Geistes und Sinnes nicht inne.

Xaver Schnieper

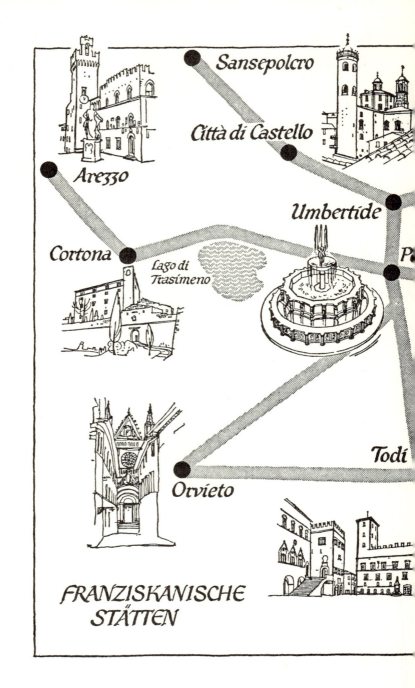

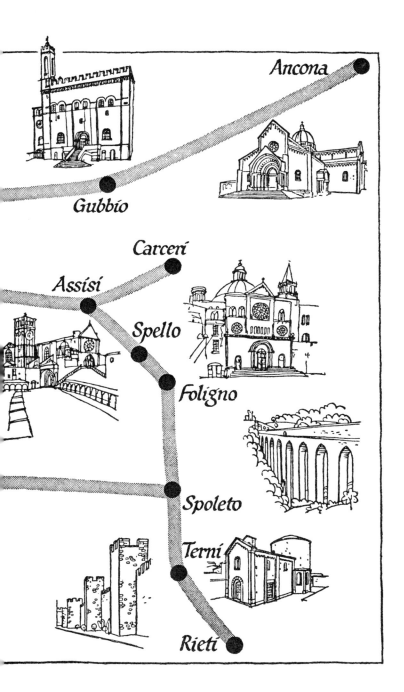

INHALTSVERZEICHNIS

5	1 – Das Ebenbild Christi
6	2 – Der erste Gefährte
10	3 – Die Selbstbegegnung von Demut und Gehorsam
13	4 – Der junge Mann an der Klosterpforte
18	5 – Bruder Bernhard zieht nach Bologna
21	6 – Das Vermächtnis des Heiligen Franziskus
24	7 – Der Einsiedler vom Trasimenischen See
25	8 – Die vollbeseligende Freude
28	9 – Der heilige Ungehorsam
31	10 – Die unerschütterliche Demut
33	11 – Der Kreisel der Vorsehung
35	12 – Die Erprobung des Bruders Masseo
37	13 – Das Hohe Lied der Armut
41	14 – Das brüderliche Gespräch über Gott
42	15 – Flammen himmlischer Liebe
44	16 – «Vögel, ihr meine lieben Geschwister!»
48	17 – Der selige Vater und das junge Brüderlein
50	18 – Das Matten-Kapitel
54	19 – Der wunderbare Weinberg
57	20 – Die rauhe Kutte
59	21 – Die Versöhnung des grimmigen Wolfes
63	22 – Die sanften Tauben
64	23 – Die Belagerung von Porziuncola
65	24 – Die Bekehrung des Sultans von Babylon
68	25 – Die Heilung des Aussätzigen
71	26 – Die Legende von den drei Räubern und vom Pilgerweg des Lebens
81	27 – Pellegrino und Rinieri
84	28 – Die Verzückung des Bruders Bernhard
85	29 – Die Anfechtungen des Bruders Ruffino
89	30 – Bruder Ruffino predigt

91	31 – Der gute Hirte
93	32 – Die Demut des Bruders Masseo
94	33 – Der Segen der Schwester Clara
96	34 – Der König von Frankreich und Bruder Egidius
97	35 – Die Weihnachten der Heiligen Clara
98	36 – Die Wanderung aus der Zeit in die Ewigkeit
99	37 – Der reiche Edelmann
102	38 – Die Rettung des Bruders Elias
104	39 – Das neue Pfingstwunder
105	40 – Die Fischpredigt des Heiligen Antonius
108	41 – Bruder Simon
110	42 – Die Sterne der Mark Ancona
113	43 – Die Gebetskraft des Bruders Konrad von Offida
115	44 – Vom Franziskanischen Mit-Leiden Christi
117	45 – Warten auf Christus
122	46 – Brüderliche Liebe
123	47 – Die Latwerge der Muttergottes
125	48 – Der Baum mit der goldenen Wurzel
129	49 – Bruder Johannes von La Vernia
134	50 – Die Allerseelenmesse
134	51 – Der Tod des Bruders Jakob von Fallerone
137	52 – Bruder Johannes von La Vernia erkennt das Wesen der Dreieinigkeit
138	53 – Die Ekstase des Bruders Johannes von La Vernia
143	Nachwort
152	Karte